蒲壮千户所海防体系研究

章鹏华　著

科学出版社

北京

内 容 简 介

卫所制度是中国最早建立的御海体系，也是明朝最主要的军事制度，上自京师，下至诸郡县。蒲壮千户所位于浙江省苍南县，自明洪武十七年设立以来，已有640余年历史，在中国海防史上占有十分重要的地位，现辖区内保存有各类明代军事设施20多处。

本书通过对历史文献的梳理，结合实地勘察调研，以蒲壮所海防遗产实物为对象，从制度、时代背景、功能要求和空间布局等方面入手，分门别类地对所城、寨、巡检司、台、关隘、烽堠等进行了详细论述，深入揭示了卫所制这种平时两套平行管理、战时统一调度，构筑三道军事防线，实行管控分离模式的防御体系，试图全景式展现六百年前在"兵农合一、海陆联防、管控分离"思想指导下蒲壮所的建设情况，从中也可以管窥明代卫所制海防军事设施的规划布局特点。

本书适合文化遗产保护领研究域的专业人员参考阅读，也可供广大文物爱好者参考阅读。

审图号：浙 S（2024）19 号

图书在版编目（CIP）数据

蒲壮千户所海防体系研究/章鹏华著. —北京：科学出版社，2024.6
ISBN 978-7-03-076083-8

Ⅰ. ①蒲… Ⅱ. ①章… Ⅲ. ①海防—军事史—研究—中国—明代
Ⅳ. ①E294.8

中国国家版本馆 CIP 数据核字（2023）第 142029 号

责任编辑：孙 莉 / 责任校对：邹慧卿
责任印制：肖 兴 / 书籍设计：金舵手世纪

科学出版社 出版
北京东黄城根北街16号
邮政编码：100717
http://www.sciencep.com

北京中科印刷有限公司印刷
科学出版社发行 各地新华书店经销

*

2024年6月第 一 版 开本：787×1092 1/16
2024年6月第一次印刷 印张：11
字数：270 000

定价：180.00元
（如有印装质量问题，我社负责调换）

本书由浙江省文博人才培养"新鼎计划"资助

自 序

古代中国是一个农耕文明灿烂的大陆国家，同时也是一个海洋文明厚重的海洋大国，拥有长达1.8万多千米的大陆海岸线和2000多年的远洋航海史。

宋元时期蓬勃兴起的海上丝绸之路，将中国东南沿海地区富饶的物产如瓷器、丝绸、茶叶及工艺品等源源不断地输送到南洋和西洋，也造就了浙、闽、粤东南沿海庞大的中国海商群体。元朝末年，割据江苏的张士诚笼络福建海商，推行海外贸易多年，然而随着其落败于朱元璋，中国的民间海外贸易落入低谷。

同时，"明朝初年，正值日本南北朝分裂时期，在内战中失败的武士以及一部分浪人和商人得到日本西南部一些封建诸侯和大寺院主的资助，经常驾驭海盗船只到中国东南沿海武装掠夺骚扰"[①]，并勾结张士诚败后的海商余部，造成困扰中国明朝的"倭患"。

明朝政府实施"片板不得入海"的海禁政策，及至隆庆元年（1567）开关开禁，对日本仍然保持海禁之策，以防倭、抗倭。浙闽沿海的倭患，经胡宗宪、俞大猷、戚继光全力清剿得以肃清。正如清代学者蔡方炳在其《海防篇》所言"海之有防，历代不见于典册，有之自明代始，而海之严于防自明之嘉靖始"，中国海防制度由此而始，专门的御海建置日益完善，实施都司管辖下的卫所制——卫下领所，所有千户、百户之分，下辖寨、台（瞭望台）、烽堠等，另设关、巡检司等海防设施。浙江东南沿海最南端的苍南蒲壮千户所即这一制度的产物。

明洪武二十年（1387）汤和筑城抗倭，置蒲门千户所和壮士千户所。由于壮士所城所在山海环境易登难守，多次被倭寇攻占。隆庆二年（1568），壮士所归并于蒲门所，遂改蒲门所为蒲壮所。1996年，蒲壮所城被公布为第四批全国重点文物保护单位。壮士所城、赤溪白湾堡、龟峰巡检司及外围七处墩台与蒲壮所城有着密切的联系，是蒲壮所城抗倭体系的重要组成部分，2006年在第六批全国重点文物保护单位公布时，合并归入蒲壮所城。2021年11月，蒲壮所城作为明清海防遗址重要组成部分，被国家文物局纳入《大遗址保护利用"十四五"专项规划》。与其他地区的海防遗产相比，蒲壮所城具有范围大、遗迹多、类型广、保存好等显著特点，见证了明清时期我国海防建设发展进程和中华民族不畏强暴、抗御外侮的斗争史，是中华民族优秀历史文化的

---

① 林梅村：《观沧海：大航海时代诸文明的冲突与交流》，上海古籍出版社，2018年，第9页。

重要组成部分。

1999—2008年，是蒲壮所城入列国保、规范保护的初期，恰是我一个工科生走出校门、初识文物的十年。在这十年里，我的工作就是熟悉蒲城的每一寸土地，去仔细探寻蒲城的城墙马道、街巷亭阁、宫庙民宅，它们是那么的雄阔又秀巧；去认真感受那一砖一瓦透出的浓厚的文化底蕴，它们是那么庄肃且安详。也就在那时，我为蒲城深厚的文化内涵和多彩的历史风韵所折服，深刻认识到蒲城作为全国重点文物保护单位，在我国明清东南沿海海防防御体系乃至全国明清海防史的重要地位，其分布范围之广、遗迹类型之丰富、保存数量之多、保存状况之良好，在全国范围内都是极其罕见的，具有极高的研究价值。

深入调查、研究蒲壮所城的文物遗存构成，不断深化对其的价值研究与阐释，是做好这一海防遗产保护利用工作的基石。有感于蒲壮所城当前的研究主要集中于对其社会文化、聚落形态和遗产保护方面，而缺乏对其完整、系统、庞大的海防体系的全面认识，遂有研提探讨、抛砖引玉之愿。以此为序，见教于方家！

目 录

第1章 概　　述

1.1　中国海防史概述

中国是一个海陆复合型国家，海洋国土面积约300万平方千米，拥有面积在500平方米以上的岛屿约6900多个，大陆海岸线1.8万多千米，群岛和列岛有50多个，总面积约8万平方千米。海域不仅是一个国家的国土，而且是一个国家的国防前哨和门户，在防止外部敌人从海上入侵、保卫国家领土和海洋主权上具有重要的战略意义。

中国沿海设防历史悠久，可以追溯到春秋战国时期，濒海的齐、吴、越等诸侯国均建立了水军，此后历代均延续了水军和水上战船的配置。但明代以前，除了元朝有抵御外敌从海上入侵的防御体系外，其他朝代多是应对本国的敌对势力或国内的其他民族，而且局限于个别地区，沿海地区尚未受到频繁的、大规模的入侵威胁，没有形成完整的海上防御体系。一般认为，中国海防始于明代，开始设置专门的御海建置。清代学者蔡方炳在其《海防篇》中说："海之有防，历代不见于典册，有之自明代始，而海之严于防自明之嘉靖始。"[①]随着地理大发现时代的到来，中国面临的海上威胁日益加剧，先是日本倭寇的沿海侵扰，继而是西方列强的殖民扩张，再到现代和当代面临的领土争端和资源争夺。中国海防在抵御外来入侵者的斗争中建立、发展和不断变化。

明代海防的重点是防御倭寇侵扰，重点地区是东南沿海地区，主要防御措施是"陆聚步兵，水具战舰"[②]，形成海陆结合的防御格局，属于近海陆向的被动防御。由于入侵沿海敌情的变化及明代各个时期政治、经济、军事状况的变化与差异，明代海防建设呈现出明显的阶段性：洪武至宣德年间是海防体系建立和完善阶段；正统至嘉靖中期是海防停滞和废弛阶段；嘉靖末期至万历中期是海防改革和发展阶段；万历末年是海防削弱阶段[③]。

由明入清，全国海防形势发生变化，海防内容与状态也随之发生变动。清代前期海防可分为两个阶段：1644—1683年，东南沿海存在势力很大的海上反清复明势力，

---

① （清）蔡方炳：《海防篇》// 王锡祺辑：《小方壶斋舆地丛钞》第九帙第一册。

② （清）张廷玉：《明史·卷一二六·汤和传》，中华书局，1974年。

③ 杨金森、范中义：《中国海防史》，海洋出版社，2005年，第33页。

海防主要任务是剿灭以郑氏集团为主的反清力量，统一台湾；1684—1839 年，消极整顿水师，以"保商靖盗"为海防中心任务。清代中后期，随着西方列强的入侵，中国海防可以分为三个阶段：第一阶段是 1840—1860 年，发生两次鸦片战争；第二阶段是 1861—1894 年，日本侵略台湾及中法战争，清朝开始转变海防战略，进行近代海防建设；第三阶段是 1895—1912 年，中国已经沦为半殖民地半封建社会，海防门户洞开，处于有海无防状态[①]。

民国初期，随着海军部的建立，中国海防有了进一步的发展，开展海军军备规划，海防思想逐渐向海权意识演进，由被动性防御向主动争取制海权转变。但由于内战频繁、派系纷争，经济实力不足，海防建设实践难以开展，海防建设始终处于比较落后的状态。

中华人民共和国成立后，海防建设被提到了前所未有的高度，先后经历了海防体系的初步建立（1949—1956 年）、海防建设事业在曲折中发展（1956—1976 年）、改革开放新时期的发展（1978—2012 年）、新时代的发展（2012 年至今）四个阶段[②]。经过70 余年的持续努力，新中国海防建设和海防斗争取得了重大成就，建立健全了陆、海、空一体化海防体系，捍卫了国家领土、领空、领海安全，维护了祖国统一。

1.2 研究对象

明洪武二十年（1387），信国公汤和于浙江南部平阳县一带设置金乡卫，辖蒲门、壮士、沙园（今属瑞安市）三个千户所，以及平阳沿海的所有水陆关寨抗倭军事设施体系，同时开工建筑金乡卫城、蒲壮所城、壮士所城、沙园所城。由于壮士所易攻难守，时常遭到倭寇进犯，明正统年间，壮士所官兵迁入蒲门所城东门暂驻，壮士所遂废弃。明隆庆二年（1568），蒲门所与壮士所正式合并，改名为蒲壮所。本书所称的"蒲壮所"既包括明初相互独立的蒲门所、壮士所，也包括明隆庆合并后的蒲门壮士二所（简称"蒲壮所"）。明初，蒲门、壮士两所各有城池，称为"蒲门所城""壮士所城"；合并后，两所共用一座城池，为了便于区分，本书将合并后两所士兵驻扎的城池称为"蒲壮所城"。

蒲壮所地处浙江省温州市苍南县南部，位于依山临海的山地平原交界处。苍南县

---

① 杨金森，范中义：《中国海防史》，海洋出版社，2005 年，第 22—52 页。

② 陈明富，秦婧：《新中国 70 年海防建设的回顾与思考》，《军事历史》2019 年第 6 期，第 18—28 页。

是浙江的南大门，东南濒临东海，西邻泰顺县，西南毗连福建省福鼎市，北抵鳌江与平阳县相接，西北与文成县接壤，是一个形状为三角形的丘陵地带。其地势西南高、东北低。境内虽然有山脉、丘陵、平原、河流、岛屿、滩涂等复杂的地貌类型，但是以山地为主，其面积占了县域面积的63%。东北部主要为平原水网区域，河网滩涂密布，可分为南港、江南和马站三个小平原，蒲壮所即位于最南部的马站平原。马站平原濒临东海，是浙江全省唯一具有南亚热带气候特征的区域，夏凉冬暖，四季如春。

明代的海防建设比较好地解决了沿海单点的防守，连点成片，形成不同尺度的"片"状防守空间，即"防区"。防区本质上是一个地理的概念，一个完整的防区在地理空间上表现为从烽堠→寨→千户所城→卫城控制范围层层递进、不断扩大的结构，其中卫城所控制的区域是主要防守分区，千户所城控制的区域为次级防守区域，防区内海防体系由所有相互关联的军事资源共同组成，包括所城、寨城、关隘、巡检司、烽堠、墩台、驿递等实体设施及军队、战船等武力装备。

明代浙江不同卫所间防区界限较为清晰，虽然没有具体边界的记载，但大致的地理分野却比较明确。为了便于区分和管理，一般来说以区域内的山川河流作为划分防区的天然边界，例如定海卫与昌国卫隔象山港而峙，沙园所与海安所以飞云江为界。蒲壮所隶属金乡卫，与沙园所一起呈南北拱卫之势。根据金乡防区地理形势推断，金乡卫与沙园所之间以鳌江为界，金乡卫与蒲壮所之间以赤溪为界，因此本书所指的蒲壮所海防体系，实际上指的是明代以蒲门所、壮士所为核心的浙江平阳县南部蒲门地区内各类海防设施共同构成的蒲壮所海防体系，地理空间大体上北以赤溪为界，南至浙闽边界，覆盖明代平阳招顺乡所辖五十二都至五十五都等四都（图1-1）。

清代蒲门地区延续原招顺乡行政区划。民国初年平阳县属瓯海道，1927年废除道制，平阳直属浙江省；民国十九年（1930）设蒲门区，民国二十一年（1932）蒲门区更名为第六区，随后又更名为昆南区，属温州行政都察专员公署。

1949年4月24日，蒲门解放，8月成立蒲门区人民政府。1950年6月蒲门区析为马站、矾山二区，马站区辖马站、霞关、蒲城、城门等七乡；1981年6月根据国务院186号文件，平阳县分为苍南、平阳二县，马站区隶属苍南县；1992年撤销马站区，全区域扩并为马站镇、霞关镇、沿浦乡（后改镇）、蒲城乡、岱岭畲族乡、渔寮乡。2011年，撤销霞关镇、沿浦镇、渔寮乡、蒲城乡建制，其行政区域并入马站镇。按今苍南县行政区划，明代蒲壮所海防体系的空间范围覆盖霞关镇、沿浦镇、马站镇、岱岭畲族乡全域及赤溪镇、凤阳畲族乡、矾山镇中赤溪以南部分。

图1-1 蒲壮所海防体系空间范围

1.3　相关研究综述

1.3.1　海防历史相关研究

随着人们的海防意识进一步增强，关于海防问题的学术研究也比以前兴盛起来。海防史的研究，对于加强海防理论研究，提高国民海防意识，具有重要的现实意义。

杨金森和范中义合著的《中国海防史》是第一部全面研究我国明清海防历史的专著，书中将明代海防发展划分为明初、永乐至正德年间、嘉靖时期、隆庆至万历到明末几个不同阶段加以叙述，书中除了对海防形势的整体性叙述，还有对海防思想和海防战争的分析，史料翔实，结论合理，是研究海防史不可多得的佳作。除此之外，史明星发表的《中国历代海防发展概览》概括地叙述了自公元前485年吴、齐两国舟师于黄海交战的首次海战记录到公元1885年（清光绪十一年）清朝北洋海军舰队正式成立，前后两千余年的中国海防发展状况，脉络清晰。关于海防思想史（制度史）研究方面，学术界研究从古到今海防思想与制度的多有论著，如张炜所著《中国海防思想史》[①]，对海防思想与制度变迁作了梳理，可谓系统研究中国海防思想史的典范。

明代作为中国海防体系正式建立的朝代，具有重大意义，因此有关明代海防史研究的文献尤其丰富，易章义的《汤和与明代东南海防》[②]、陈尚胜的《明初海防与郑和下西洋》[③]、罗荣邦的《明初海军的衰落》[④]、范中义的《明代海防述略》[⑤]，郑克晟的《明朝初年的福建沿海及其海防》[⑥]、邸富生的《试论明朝初年的海防》[⑦]等，都对明代海防建设全过程进行了清晰的阐述，但基本属于宏观性的概略叙述。

1.3.2　海防体系相关研究

明代的海防建设强调的不仅仅是以卫所等军事聚落为核心的"点"状防卫，而是

---

① 张炜：《中国海防思想史》，海潮出版社，1995年。

② 易章义：《汤和与明代东南海防》，《"国立"编译馆馆刊》第6卷，1977年。

③ 陈尚胜：《明初海防与郑和下西洋》，《南开学报》1985年第5期。

④ 罗荣邦：《明初海军的衰落》，《南洋资料译丛》1990年第3期。

⑤ 范中义：《明代海防述略》，《历史研究》1990年第3期。

⑥ 郑克晟：《明朝初年的福建沿海及其海防》，《史学月刊》1991年第1期。

⑦ 邸富生：《试论明朝初年的海防》，《中国边疆史地研究》1995年第1期。

不同军事设施之间相互关联形成的地区内完整的海防体系。近年来，许多学者也开始关注到不同地区的海防体系，对其层级特征、空间布局的等问题进行探究，通常以海防建置、海防体系和海防地理研究为关键词。日本学者川越泰博于1972年发表的有关明代海防体制的论文，较早揭示了明代以"沿海卫—守御千户所—营—水寨—烽堠"为结构的海防体制[①]。尹泽凯的《明代海防聚落体系研究》首次对明代海防聚落体系进行了整体性研究，并将大数据思维及其理论运用其中，对海防聚落的建设进程、层次、城池布局、聚落的防御性等方面进行探究。

现有海防体系相关研究按照研究对象的空间范围大小主要可以分为三类，最大是以省级行政区为边界。于君涵的《明代广东海防军事聚落体系研究》从宏观、中观、微观三个层面探讨了海防体系的建设建造、时空分布规律、选址因素、空间布局、防御性质等方面内容。陈嘉璇的《明南直隶地区海防军事聚落体系研究》着眼于南直隶地区，对海防体系的背景、海防军事聚落的时空分布和规模形制进行研究，并将其与宣府镇北路地区长城防御体系进行比较。

次一级是以地理环境独特的地区为范围，通常会涵盖多个卫所防区。《明代杭州湾北岸海防体系及演变述论》探究了杭州湾北岸海防体系不断建构的过程，从中分析出明代海防的一般机制。《明代北部湾地区海防体系研究》以嘉靖中期为分界点，分别对前后两个时期的海防体系建设进行叙述，并分析了其历史影响。《明代温州海防体系建设研究》对明前期（洪武至宣德年间）的初建、明中期（正统至嘉靖年间）的重构和明后期的定型三个时期中温州海防体系建设过程进行研究，并总结了其特色与局限。

最小一级是以卫所为核心的基层地理防区为研究对象。《石浦港域海防体系研究及海防遗产保护策略》对石浦港域海防体系的形成背景、时空演化进行分析，并提出整体性保护方法和具体策略。《论明代福建平海卫防区海防体系的层级特征》对平海卫战区的海上防线、陆地防线和信息传递体系三个海防层级进行了分析。《明代基层海防战区地理研究》以浙江临海桃渚所及隶属的基层海防配置为对象，分析了桃渚所城迁徙和具体烽堠、寨、台、巡检司等海防预警防御系统配置。《明代千户所布防特点分析——以沥海所为例》对沥海所的军事设施类型和空间布局进行了描述，并提出了保护措施和建议，是为数不多对以千户所为核心的海防体系进行研究的文献。

---

①　川越泰博：《明代海防体制の運営構造——創成期を中心に》，《史学雑誌》（東京大学）1972年第81卷第6期；《明代海防体制の形成について》，《大学院研究年報》（中央大学）1972年第1期。

1.3.3　浙江海防相关研究

有明一代，海防问题始终突出，浙江更是明代海防建设的重中之重，近年来许多学者也将浙江作为海防研究的重点地区，发表了不少极具代表性的学术专著。宋煊的《明代浙江海防研究》是第一部系统介绍明代浙江海防的专著，书中详细整理和考证了浙江地区沿海卫所、水军兵船、御倭战役等问题，总结了明代海防的得失，语言严谨，观点鲜明。苏勇军《明代浙东海防研究》一书以明代浙东为例，从三个不同时期的来论述浙东的海防建设，细致地考察浙东地区海防建制的历史，并对明代浙东海防做出了系统性的评价。钟铁军的《明代浙江沿海海防地理研究》以浙江海防战区研究对象，对不同时期不同形态的海防战区空间的形成和演变进行历史地理的分析。

除此之外，也有不少学术论文对浙江的军事设施设备、军事制度、海防战区等方面进行了有益探讨。施剑的《明代浙江海防建置研究——以沿海卫所为中心》阐述了以沿海卫所为中心的明代浙江海防建置，探索影响沿海卫所时空布局的历史、地理因素，揭示了沿海卫所与海防之间的互动关系，分析明代浙江海防的形成与发展。宋煊的《明代海防军船考——以浙江为例》填补了明代海防军船研究的空白，归纳了明代海防军船的类型和基本特点，并针对浙江海防军船进行了归纳和考证。牛传彪的《明代巡洋会哨制度刍探——以浙江海区为中心》以浙江地区为主要研究范围，分析了明代巡洋会哨制度的发展历史和运行情况。李辉的《明代基层海防战区地理研究——以台州桃渚所为例》对桃渚所城的三迁过程和以它为中心的基层海防布局进行了研究。

1.3.4　蒲壮所相关研究

目前关于蒲门地区的研究主要集中在对蒲壮所城单一海防设施的研究，包括社会文化、聚落形态和遗产保护。徐敏霞的《文明的演进——一座所城的文化与仪式》聚焦蒲壮所城的地方社会进程，考察了明清以来蒲壮所城宗族组织和地方崇拜体系的发展演变。金亮希《苍南县蒲城姓氏研究》聚焦蒲壮所城内的姓氏，依据宗谱梳理各个姓氏的起源和兴衰。尹泽凯《基于可达性理论的明代海防聚落空间布局研究——以辽宁大连和浙江苍南为例》使用可达性理论对大连和苍南的明代海防聚落体系进行分析，证明了海防聚落空间布局的合理性。罗一南的《明代海防所城空间形态特征探析——以蒲壮所城为例》分析了蒲壮所城防御体系的空间形态特征，试图揭示明代东南沿海海防所城空间形态的普遍特征。张金玲《海防遗址浙南蒲壮所城保护性开发中相关利益诉求与协调的实证研究》分析了蒲壮所城保护开发中不同利益相关者的诉求，主张以遗产管理非营利制度为保障，促进遗产保护与开发利用的协调发展。《明代海防蒲壮所城军事聚落的整体性保护研究》分析了蒲壮所城产生的动因、聚落构成及形态特征，并提出了整体性保护的聚落保护和利用策略。李帅《传统历史卫所的综合保护与发展设计研究》以蒲壮所为例，研究了明代浙江沿海地区的海防体系构建以及卫所对于当地乡土景观的改变，并提出针对性的整体景观规划设计方案。

总体来说，现有关于明代海防的研究，多属传统意义上的史学研究，主要论述关于明代海防通史、明代浙闽等地方海防史、海防制度、海防思想等方面。近年来也出现了一批以海防体系为主要研究对象的学术成果，大部分以省级行政区或是常见的地理分界作为研究的地理范围，通常涵盖多个卫所防区，少有对于某一具体卫所防区内的各类军事设施空间布局的研究。不少历史典籍对明代的卫所和海防情形进行了比较清晰的描述，如《筹海图编》《两浙防务类考续编》《全浙兵制考》《浙江沿海图说》等，但在具体的卫所城建置布局和更进一步的寨台烽堠分布上则稍有语焉不详，这给今天我们考察明代基层卫所建置与海防建设带来一定困难。

浙闽一带是明代海防的核心区域，蒲壮所地处浙闽交界，战略地位重大，关于其海防体系的系统研究还十分有限，本书是为数不多结合史料和现状调研，对以千户所为核心的海防防区和相关遗产进行系统研究的专著，在探究浙江南部明代基层海防地理空间布局方面具有重要的学术意义。

1.4　研究内容、方法

1.4.1　研究内容

本书以蒲壮所海防体系为研究对象，全书共分为六章。第一章作为书的绪论部分，主要对中国海防史及海防体系、浙江海防、蒲壮所等相关研究进行综述，明确研究对象、内容和方法；第二章介绍了蒲壮所海防体系构建的时代背景、自然及社会环境；第三章系统梳理了蒲壮所海防体系的历史演变和空间层次，并介绍了各海防设施的空间布局；第四章阐述了蒲壮所海防体系相关物质和非物质遗产的保存现状；第五章分别立足浙江和全国，将蒲壮所海防体系及其遗产（主要是蒲壮所城）与其他明代海防遗产进行比较，总结遗产价值；第六章归纳了蒲壮所海防体系的现状问题，提出针对性的整体性保护策略。

1.4.2　研究方法

本研究主要基于文献史料和实地调研海防体系的各类详细信息，结合不同时期的历史地图转译，总结蒲壮所海防体系的构建历史、空间层次和遗存现状，并通过比较研究分析蒲壮所海防体系的价值，对蒲壮所海防体系的历史、现状和保护发展进行系统的阐述与解读。

（1）历史文献与实地调研结合的方法

鉴于蒲壮所海防体系的一手史料数量有限，描述也不尽详细，因此本书将历史文献和实地调研结合起来，通过收集相关文献对海防体系有一个初步的了解，在此基础上进行蒲壮所海防体系相关遗存的现状调查，并将两种成果进行统一的分析和综合，以实现对研究对象更加直观和全面的认识。

（2）历史地图转译法

"历史地图转译法"是基于蒲壮所海防体系和相关遗产特征研究的需要，将相关的古代舆图进行转译，以空间要素的形式将其定位到今天的地图中。它能直观地反映区域海防历史信息的空间分布和现存状况，系统而直观地体现出海防体系的空间特征。

（3）比较研究法

本书将蒲壮所海防体系及相关遗产与明代其他沿海卫所及其遗产进行多维度的比较，综合分析蒲壮所海防体系的独特性及相关遗产保存的完整性，以获得对研究对象清晰的价值认知并提出针对性的保护建议。

第2章 蒲壮所海防体系构建背景

2.1 明代海防建设整体环境

蒲壮所海防体系作为中国沿海海防体系的一部分,其形成和演变都受到世界海洋形势和国家海洋政策的影响。只有充分了解明代的海防发展的时代背景,才能深刻理解蒲壮所海防体系演变的历史原因。

2.1.1 明代海患时代特征——聚焦时代大背景

明朝建立初期面临两大困境亟待解决。一是新王朝建立后,局面不稳,元朝残余势力退居塞北,以元惠宗为首建立了北元政权,养精蓄锐,意图重新南下征战夺取政权,恢复对中原地区的统治,"元人北归,屡谋兴复。永乐迁都北平,三而近塞,正统以后,敌患日多。故终明之世,边防甚重"[①]。二是明朝海疆辽阔,沿海地区海患频发,主要由被明太祖朱元璋击退的张士诚、方国珍余部溃逃海上形成的海盗集团与日本封建诸侯割据时期的败将潜逃形成的武装走私倭寇两股势力组成,"时国珍及张士诚余众,多窜岛屿间,勾倭为寇"[②],以倭寇为核心的海上寇盗势力开始频繁侵扰东南沿海一带,甚至出现了"江淮以南,无地非倭"[③]的景象,对沿海地区乃至全国的社会经济都产生了严重影响。有史记载的浙江地区倭患最早为洪武二年,"倭犯温州中界山,永嘉、玉环诸处皆被剽掠"[④],自此之后,倭寇侵犯浙江的事件几乎年年都有。

明朝初期定都南京,距海疆边界较近,且东南沿海地区为明朝的财政经济之源,政治中心与经济中心双双受到威胁,对明朝政权的稳定造成了极大影响。在这种严峻的形势下,明朝不得不开始考虑沿海地区的海防建设,抵御倭寇入侵并维持地区的稳定。明太祖朱元璋在军事、经济和政治等方面都采取了诸多举措。由于明初国力有限,

---

① (清)谷应泰:《明史记事本末》,中华书局,1977年,第843页。
② (清)张廷玉:《明史·卷九一·兵志三》,中华书局,1974年。
③ (明)郑茂:《靖海纪略·附全城志》,神州国光社,1951年,第130页。
④ (明)郑若曾:《筹海图编·卷五·浙江倭变记》,中华书局,2007年。

最早朱元璋尝试通过外交手段解决倭患问题，先后派遣使者前往朝鲜、安南（今越南北部）、占城（今越南南部）、爪哇、日本等国，但收效甚微。因此只能采取"修防自固"[①]的方式，建设严密的海防战线。一方面，开展海陆并举的军事建设，陆上以卫所制度和巡检司制度为中心，海上则通过水军建设实施海上防卫，增强沿海地区的军事防御力量。另一方面，实施严格的海禁政策，禁止普通百姓与外来势力互通消息、进行贸易，同时确立了朝贡体系，允许官方主导的贸易往来，以保障经济的稳步增长。

永乐一朝基本上延续了洪武时期的海禁政策和海防设施建设，并加以强化，对已有的卫所、巡检司进行增添和修葺，大力支持造船业，加强海上戒备和巡逻制度，同时开展大规模的海上活动，向海外宣扬了正统，使得明朝的海防力量得以增强。在经济上，明朝与日本政府发展勘合贸易，有效遏制了沿海倭寇活动。但严格的海禁政策过分抑制了沿海地区的社会经济活动，逼迫百姓铤而走险，参与走私贸易甚至成为海盗，正如《虔台倭纂》中写的那样"市通则寇转为商，市禁则商转为寇"[②]，为日后的海防埋下隐患。

明朝中后期，日本进入了战国纷争时期，各地诸侯割据势力四起，政府无力治理。战乱使得大量失去雇主的武士投入海盗活动，为倭寇的滋生提供了温床。"沿海之地，自广东乐会接安南界，五千里抵闽，又三千里抵浙，又二千里抵南直隶，又千八百抵山东，又千二百里逾宝坻、卢龙抵辽东，又千三百余里抵鸭绿江。岛寇倭夷，在在出没，故海防亦重。"[③]嘉靖中期之后的中国沿海局势已经十分危急，朝廷不得不下决心整治海防，这一过程可以分为两个阶段。第一阶段为嘉靖中期至嘉靖末年，朝廷开始改革卫所体系，加强巡哨，采用措施增强沿海防线的整体性；第二阶段为隆庆至万历中期，研发出了新式的火器和大型战船，大大提高了战斗力。经过这两个阶段的变革和发展，多个层次、多重点的海防体系终于建立起来。

万历初年，张居正为挽救明王朝，缓和社会矛盾，在政治、经济、国防等各方面进行的一场变法革新运动，有效促进的经济发展和国家资本积累。但改革无法挽救明代腐败的中央政治体制，明代的衰势已经积重难返。此时日本意图吞并朝鲜，威胁明朝安全，海内外大警。明朝发动援朝战争，海防在此时也重新得到强调。万历后期，外有后金严重威胁，内有农民起义，明朝的内外危机十分严重。此时统治日本的德川幕府实行闭关锁国的海外政策，大大限制了倭寇对中国沿海的侵扰。明代后期新航路

---

① （清）张廷玉：《明史》，中华书局，1974年。

② （明）谢杰：《虔台倭纂》//《北京图书馆古籍珍本集刊》，书目文献出版社，1990年。

③ （清）张廷玉：《明史·卷九一·兵三》，中华书局，1974年，第2254页。

开辟后，葡萄牙人、西班牙人、荷兰人以及英国人相继由海路来到中国企图进行殖民统治，但是由于人数较少，危害不大。但是自此之后，从万历后期到崇祯年间，由于现实和历史的需要，明代的军事重心移向国土内陆，沿海防务逐渐被忽视。

2.1.2 明代海防军事制度——聚焦制度层面

（1）卫所制

元至正二十一年（1361），朱元璋设立了大都督府作为全国的军事管理机构，洪武十三年（1380），以"权不专于一司，事不留于壅蔽"为由将大都督府一分为五，变为前军、后军、中军、左军、右军五个都督府，即所说的"五军都督府"。卫所制度以五军都督府为最大统领，都督府下在地方上设都指挥使司（简称都司），作为卫所的上级指挥机构，沿海各省都设有都司，部分省份还设有行都司。在此基础上，朱元璋吸收隋唐府兵制中寓兵于农的思想，创建了卫所制度，卫所由都司管辖。山东、辽东、浙江、广东四都司并所辖卫所隶属于左军都督府，福建都司及其所辖卫所隶属于前军都督府，南直隶的沿海、沿江卫所则隶属于中军都督府。

都司最高领导为都指挥使，也是一省的最高军事长官，正二品，副职为都指挥同知2名（从二品）和都指挥佥事4名（正三品）。都司的职能是掌管全省的军事事务，负责领导下辖的卫所，其上司为都督府，同时也受兵部控制。都指挥使负责统理都司之事，称作掌印；都指挥同知2名，一人管理练兵一人管理屯田，称为佥书，都指挥佥事则分别负责巡捕、漕运、京操、备御等诸事。经历司掌管文移，长官称经历（正六品），副手称都事（正七品）；断事司，理刑狱，长官称断事（正六品），副手称副断事（正七品）；司狱司，理监狱之事，长官称司狱（正九品）；管仓库、草场的长官分别称为大使和副大使。

卫所制是明代初期形成的一种军事制度，同时也是一种行政管理组织制度。卫所制作为明代军队的基本组织形式，吸收了前朝的各种军事制度并加以改进，是历朝历代开国兵制得失总结的集大成者，能够适应明朝开国初期所面临的现实问题，是相对科学的。

《明史》载："天下既定，度要害地，系一郡者设所，连郡者设卫。外统之都司，内统于五军都督府，而上十二卫为天子亲军者不与焉。征伐，则命将充总兵官，调卫所军领之。既旋，则将上所佩印，官军皆回卫所。盖得唐府兵遗意。"[①]明朝政府主要

---

① （清）张廷玉：《明史·卷六五·兵一》，中华书局，1974年。

承袭了唐代府兵制，在全国范围内设立卫所，开展屯田，力求实现军粮自给，实施卫所制。在卫所制下，明朝军事力量分为三大部分："曰京营，曰外卫，曰边兵。""京营"主要由京卫组成，"边兵"特指戍守北方"九边"的军队，"外卫"指前述二者之外的军事力量，"外"是相对"京"而言。大约以五千六百人为一卫，一千一百二十人为千户所，百十有二人为百户所。所设总旗二，小旗十，每总旗辖50人，每小旗辖10人。此外，还有堡和哨。各卫所分属于各省的都指挥使司（行都司），平时统由中央的五军都督府分别管辖，战时由兵部调五军都督府的将领领兵作战，战后将领回朝，卫所军士回各自卫所，从而形成调兵和管兵相互分离的军事制度。这种兵将分离的制度保障了军队指挥权始终掌握在皇帝手中，有效遏制了军权旁落、将领拥兵自重的趋势，但也在很大程度上削弱了军队的战斗力。

卫所制本质上是一种寓兵于农的制度，屯田制度是其赖以存在的经济基础，"有事调发从征，无事则还归农田"。我国的屯田制由来已久，尤其是军屯，是国家缓解戍守与军费供给矛盾所采取的一种有效办法。朱元璋的成长经历也使得他对于农耕、粮草尤为重视，起义早期就形成了寓兵于农的思想，他曾言"吾欲以两淮江南诸郡归附之民，各于近城耕种，练则为兵，耕则为农，兵农兼资，进可以取，退可以守，仍于现两淮之间食鬼运可通之处，储粮以俟，兵食既足，观时而动……此长策也"[①]。

在这样的思想下，卫所不仅是一个承担着军事守备责任的军事单位，还是一个承担着军屯生产任务的农业单位。军屯有利于荒地的开垦，推动明初经济的快速复苏；在边疆的屯田，还兼有行政管理的功能，因为边疆通常不设置州县，直接由卫所行使行政管理的职能，因此有助于加强对边疆的统治和管理。腹里卫所防御事务较轻，则屯七守三，边地卫所防守较重，则有屯三戍七，或屯四戍六之别。

同时，卫所军户实行严格的军籍管理和世袭制度。明朝继承前朝"以籍定役"和"役皆永充"的做法，分列户等以定差役。户籍不同，隶属关系亦有别。民籍隶属户部等行政系统，军籍隶属都督府等军事系统，军民互不统属。军户世袭，卫所军的身份一旦确立，除非特别规定，世代为军。

明代军户来源有四：从征（"诸将所部兵"即参加朱元璋农民起义的军部卒）、归附（"胜国及僭伪诸降卒"即归降的元军和各个割据势力的部卒）、谪发（犯人充军，分"永充"和"终身"，即犯人世代充当军户和仅犯人本人充任军士）、垛集（民户每三户金发一人为军，为军者为正户，余者为贴户）。除此之外，还有抽充（从民户中丁多之家抽一丁为军）、收集（即广泛收集元末群雄中溃散的士卒为军）和金充（金充民

---

① 《明太祖实录·卷十四·元至正二十四年春正月庚午》，上海书店出版社，1982年。

户到亲军卫中服役）等。

卫所军户以旗军家庭为服役单位，一户出一正军，军家其余男性为军余，属正军的预备人员，一旦正军因亡故或年老、逃亡等项开除之后，余丁应继正军替役。若果卫所旗军因故没有成丁应替入役，则需要到其所对应的州县军户去清勾成丁应役。

明代兵士的社会地位较低，主要因为许多人因犯罪而"谪发"从军，因此当时一般民众都以从军为耻，加上明中期以后，军队腐败，克扣军饷，占役现象严重，兵士生活水平越发艰难，地位更是低下，卫所有越来越多的兵士逃役。明宣宗以后，卫所制度开始走向衰弱，边疆的守备变得废弛，嘉靖时，卫所军士已大量逃散，卫所制度已近完全崩溃。

（2）镇戍制

明代中后期频繁爆发的倭寇入犯，卫所制逐渐在组织作战、人员调配等方面显现出不足，要求必须将适合长期处于临战状态的"镇戍制"常态化。镇戍制度作为明朝中后期卫所制度的补充，在沿海地区打击倭寇侵扰、维护海疆安全上发挥着重要作用。在镇戍制度下，沿海地区仅新建了少量军事聚落，更多的是将明代早期卫所制度下建设的卫所、水寨等海防军事聚落进行修缮与扩建。镇戍制度的组织形式为营兵制。在营兵制下，军士皆为战斗人员，粮饷则由政府财政直接拨付。镇戍制度下的征兵方式为募兵制，兵源选择范围扩大，如清勾、抽选、招募等，政府征用民户为士兵，二者之间形成一种雇佣关系。例如，嘉靖三十八年（1559）戚继光招募义乌矿工 4000 余人所组成戚家军。战事结束后，募兵制下的兵员返还各乡里继续为民。

在"镇戍制"下，总督总体负责沿海各省军政，下分统兵文臣和统兵武将两个系统。一省统兵文臣之首为巡抚，之下为兵备、府同知、通判等；统兵武将包括总兵、副总兵、参将、游击、守备、千总、把总、百总等，统属关系为总兵统参将，参将统守备，游击听命于总兵和巡抚。总督、巡抚、总兵直辖的兵马为"标兵"，副总兵、参将、游击统领的为"营兵"。在这两个并行体系中，前者负责筑城、粮饷等后勤工作，后者负责军事。巡抚和总兵在理论上平级，但实际上前者地位高于后者。此外，还有监军系统，作为朝廷耳目或随军记功。需要指出的是，由于"镇戍制"与"卫所制"相悖，囿于"祖宗之法不可变"的成规，明朝并没有明确"镇戍制"下将领的品级，但授之武职以明确其地位。游击以上均可称将军，守备以下均为营官[1]。镇戍将官的身份规格参照有品级的职官，分为 3 个等级：总兵官等同于五府堂官；副总兵、参将、

---

① 肖立军：《明代边兵与外卫兵制初探》，《天津师大学报》1998年第2期，第40—41页。

游击等同于都司堂官；守备、把总等身份介于都司堂官与卫官之间。如果充任将官的武官本身职衔低于以上规格，任总兵的加授署都督佥事衔，任副、参、游的加授署都指挥佥事衔，任守、把的加授"以都指挥体统行事"衔，从而使"名位相应"[①]。在镇戍制下，东南沿海各防区再一次进行防区细分，进一步提高了协防能力。

在卫所制下，只有战时才兵将结合，但在镇戍制下，兵将结合成为常态。各级将领带领不同数量的部队，长期驻守某一地区，形成相对固定的兵力配置和区域防守。卫所制下，旗军的身份比较多样，分为"戍军""操（班）军""屯军"等，他们并不是纯粹意义上的作战部队，但在镇戍制下，各支部队就是纯粹的作战队伍，他们的作战体系和作战能力上的独立性远比卫所旗军要强。

2.1.3　明代海防建设布控——聚焦物质形态层面

明代海岸线绵延万里，在如此辽阔的空间建立实施海防，需要协调海防政策、制度、城池建设等各个层面，以形成一个合理且可操作性高的防御体系。因此明代的海防建设不是一蹴而就的，其发展存在一个有序推进和不断完善的过程。

明朝初年，以"防敌于海"作为主要的海防手段。在明未建国前，朱元璋便多次败敌于海上，建国后，更是建立起一支装备精良、能征惯战的强大水军，作为明初"以舟师防海"的基础。与此同时，朱元璋在全国范围内设置了少量卫所守御边关要塞，一部分即位于沿海地区。在沿海，除了与内地卫所一样的卫内千户所外，还结合沿海设防的特点，设有独立的千户所——守御千户所，不隶属于卫，而是直接隶属于都指挥使司。这期间，与沿海卫所配套的寨、烽堠、墩台等设施也逐步建立起来。

面对海患猖獗，明朝起初尝试通过实施海禁和朝贡政策解决东部沿海地区日益严重的动乱，但收效甚微。洪武十七年（1384），朱元璋派遣信国公汤和巡视浙江、福建沿海的城池，筑城防倭，标志着海防建设进入了一个新的阶段。朱元璋同意了方鸣谦"倭海上来，则海上御之耳。请量地远近，置卫所，陆聚步兵，水具战舰，则倭不得入，入亦不得傅岸"的谏策[②]，正式确定了以"卫所制"为核心的军事制度，开始在沿海地区系统规划，大量增设卫所，并筑城防卫。

洪武二十六年（1393）将全国定为17个都司、3个行都司、1个留守司、329个内外卫、65个千户所。成祖在位时多有增设，都司21个、留守司2个、内外卫493个、

---

① （明）李东阳：《大明会典·卷一一八·兵部一》，国家图书馆出版社，2009年。

② （清）张廷玉：《明史·卷一二六·汤和卷》，中华书局，1974年，第2886页。

千户所359个。兵额总数连屯田军在内达到270余万人。

洪武年间加强海防的另一举措是广泛设置巡检司，起到日常巡查和联系卫所的作用。洪武初年，明太祖开始先后在江浙、四川、两广设置巡检司。洪武二十六年（1393）确定："凡天下要冲去处，设立巡检司。"①全国范围内开始普设巡检司。巡检司配备弓兵，一般为50—100人，其任务是"专一盘诘往来奸细及犯卖私盐犯人，逃军、逃囚、无引面生可疑之人"②。据《筹海图编》载，沿海的巡检司共353处。巡检司体量较小，置撤灵活，弥补了卫所制度之不及，成为偏远地区管理的重要设施。

永乐十八年（1420），朱棣迁都北京，政治中心北移，全国军事防御的重点也从南直隶变为了京师。因此，永乐年间除了延续洪武时期对东南沿海地区的海防建设外，开始加强渤海沿岸的海防体系建设。永乐元年（1403）至永乐四年（1406），先后设立抚宁卫（今河北抚宁）、天津卫、天津左卫、天津右卫（天津三卫均在今天津市）、卢龙卫（今河北卢龙）、梁城所（今天津宁河）。除此之外，永乐时期十分重视战船配置，建造了大量的海上战船，有效提升了海上防御和作战能力。经过约70年的努力，至宣德末年，明朝基本建成了以卫、所为节点，以城、寨、堡、墩台和关隘为建筑形式的沿海防御体系，同时水军建设也颇有成效，奠定了有明一代"陆海相维"的海防体系基础。

严密的海防建设有效保卫了沿海地区的安宁。至嘉靖中期，倭寇再次猖獗，明朝沿海的军事斗争加剧，其沿海军事实力也得到进一步加强。嘉靖中期以后，加强沿海军事实力的工作主要有：实行募兵制、改革并完善指挥体系、选调将领、合理划分战区、建造战船以加强水军、修筑府县治所城池以及加强情报搜集等。对于军事城寨，主要是在原布局的基础上修复、加固与完善，甚少新置。

明代的海防建设具有很强的体系性，单点的海防设施选址布局都是从区域视角出发的，目的在实施下一级布防或是拱卫上一级设施。卫所、巡检司、寨城、烽堠、墩台等不同尺度的军事设施之间相互关联，连点成片，形成组织严密的军事防区。一般来说，明代东南沿海地区以府为单位组织海防，开设一个或数个沿海卫作为最高级别的海防机构，控制最重要的军事要点，组织府境范围内的海防空间，保障府城安全；沿海卫又下设多个专城千户所控制次一级的军事要点，形成对卫所的有力支撑；各千户所又分派百户所前出，控制更低一级的军事要点，一般来说，前出的百户所表现为"寨"，形成防御空间的前线。数量庞大的烽堠、墩台等具有瞭望侦查和示禁通信的功能。通过这样的配置和部署，卫所—千户所—百户所—烽堠就构成了一个层级分明、

---

① （明）申时行：《大明会典·卷一三九·兵部二十二·关津二》，上海古籍出版社，2002年。
② （明）申时行：《大明会典·卷一三九·兵部二十二·关津二》，上海古籍出版社，2002年。

职能清晰的海防系统，能有效防御沿海空间，即以卫所为核心形成了一个个不同层级的防区，它由防区内相互关联的各类军事设施防御范围共同构成。

2.2　浙江沿海的自然和社会环境

"一定的历史活动，总要在一定的地域上展开。历史的发展是离不开地理条件的。"[①] 除了国家政策和上位规划的影响，沿海地区的海防建设也与所处的地理环境息息相关，是在特定地理单元的基础框架下来构建海防体系的。浙江东部沿海地区作为明代海防建设最重要的地理单元，在海防建制中一直是自成体系，形成了浙东防区。蒲壮所海防体系作为浙江海防体系的一部分，其形成和发展自然要受到浙江海防建设的大环境影响。因此，本节以浙东为研究对象，从行政格局、自然地理环境和社会经济环境三个方面探析蒲壮所海防体系形成的中观背景。

2.2.1　浙江沿海行政格局的基本确立

在明代建立浙江行省之前，今浙江省的范围在历史上一直没有形成一个单独的行政区。从自然环境和文化特征等方面来看，浙东、浙西、浙南、浙北都具有极鲜明的区域特征。浙东为沿海地区，以沿海丘陵和滨海平原为主，南部的温州地区自先秦以来与闽北属于同一文化区域；浙北为水网密集的冲积平原，嘉兴、湖州一带与苏南较为相似，属于吴文化区；浙西南的衢州与相邻的江西信安同风同俗；浙西北的严州府与徽州民风颇多一致。

浙江行政区划的概念大体源自宋初两浙路，后分为浙东、西两路。元至正二十六年（1366），朱元璋率军攻占杭州，同年在杭州设置了浙江行中书省，"丙午年十二月罢分省，置浙江等处行中书省"[②]。随着明朝的建立与巩固，浙江作为一个独立行政区域的地位得以确立。洪武四年（1371），南部的广信府划归江西，洪武十四年（1381），嘉兴、湖州两府归属浙江。至此，浙江的行政区域基本稳定下来，"析杨之南，跨闽之北，东距海洋，西控宣歙，广五百十里，袤千七百五十九里，周回五千二百七十七里"[③]（图2-1）。

明代，浙江行省共辖十一个府、一个州、七十五个县，"附会城者，一曰杭州会城，东北之府；一曰嘉兴，西北之府；一曰湖州，西之府；一曰严州，西南之府；三曰金华、曰衢州、曰处州，东南之府；四曰绍兴、曰宁波、曰台州、曰温州"[①]。清顺治年间，正式命名为"浙江省"，并一直沿用至今。

浙江地理环境以"枕江接海"为特征，《宋史》言："（两浙）东南际海，西控震泽，北又滨于海"[②]，元代欧阳元《江浙行省兴造记》写道："北枕江淮，西放彭蠡，南极于海，供给当天下半"[③]。其中，又以浙江东部六府与海洋关系最为密切，从北至南依次为嘉兴府、杭州府、绍兴府、宁波府、台州府、温州府，行政格局如下（表2-1）。

表2-1　明代浙东六省行政区划

府	下辖县	行政区划范围
嘉兴府	嘉兴县、秀水县、嘉善县、崇德县、桐乡县、平湖县、海盐县	东至南直松江府百一十里，南至海八十三里、西至湖州府百八十里、北至南直苏州府百三十里
杭州府	钱塘县、仁和县、海宁县、富阳县、余杭县、临安县、於潜县、新城县、昌化县	东南至绍兴府一百三十八里，西南至严州府二百七十里，北至湖州府一百八十里、东北至嘉兴府一百九十五里
绍兴府	山阴县、会稽县、萧山县、诸暨县、余姚县、上虞县、嵊县、新昌县	东至宁波府二百二十里，东南至台州府三百三十里，西南至金华府四百五十里，西北至杭州府一百三十八里，北至海口三十里
宁波府	鄞县、慈溪县、奉化县、定海县、象山县	东至海岸百有四里，南至台州府四百二十里，西至绍兴府二百二十里，北至海岸六十二里
台州府	临海县、黄岩县、天台县、仙居县、宁海县、太平县	东至海岸百八十里，南至温州府三百五十里，西南至处州府三百六十里，西北至金华府五百七十二里，北至绍兴府三百一十里
温州府	永嘉县、瑞安县、乐清县、平阳县、泰顺县	东至海岸九十里，南至福建福宁州五百九十里，西北至处州府三百六十里，北至台州府三百五十里

同时，在这些拥有明确行政边界的府县之间，还分布着一个个带有军事和行政双重意义的地方建置——卫所。明代卫所通常依据是否领有实土分为实土卫所和非实土卫所。如谭其骧先生所说"实际所谓实土卫所指的是设置于不设州县处的卫所，无实

---

①　（明）胡宗宪：《嘉靖浙江通志·卷一地理志》//《天一阁明代方志选刊续编》，上海书店出版社，1990年。

②　（元）脱脱等撰：《宋史·卷三十九·地理四》，中华书局，1977年。

③　（明）胡宗宪，薛应旂：《浙江通志·卷二十二·形胜》，上海古籍出版社，1991年。

土卫所设于有州县处"①。郭红在此基础上又在非实土卫所中划分出一类称为"准实土卫所",即位于府州县境内的卫所亦辖有部分土地和人口者②。浙东区域大率为非实土卫所(包括准实土卫所),绍兴卫、宁波卫、台州卫、嘉兴千户所等直接以府为名的卫所城,其城皆在府城之内,不辖独立的土地和人口,亦不理民政,转职防守,其他卫所大多另选一滨海地点单独设置,并占有一定数量的屯田和人口,以屯田或其他耕种方式附着在土地上,且每一卫所都有一定的防守地域,成为特定地域空间内实际的管辖机构。

浙江沿海行政格局呈现出府州县与卫所并行的特点,本质上反映了明代疆土管理体制由"六部—布政司—府—县"和"五军都督府—都指挥使司—卫(守御千户所)—千户所"两大系统共同作用。从地理空间上看,就浙江沿海地区卫所设立情况来看,卫城、所城之间的距离以及与附近各州县城距离,既不过分接近,也不相隔太远,军事防区与行政区划犬牙交错,既能两相呼应,又可互相牵制。

2.2.2　浙江沿海的自然地理环境

"浙江以海为境,东南必备之险也"③,明代浙江海防战略地位,主要由其特殊的地理区位和环境决定的。浙东六府皆为山海交汇的要害之地,如《读史方舆纪要》描述的,嘉兴府"负海控江,川原沃衍"④,杭州府"山川环错,井邑浩穰,为东南都会"⑤,绍兴府"襟海带江,为东南都会"⑥,宁波府"控海据山,为浙东门户"⑦,台州府"山海

① 见于靳润成《明朝总督巡抚辖区研究》一书影印谭其骧致该书作者的一封信。

② 郭红,于翠艳:《明代都司卫所制度与军管型政区》,《军事历史研究》2004年第4期,第78—87页。

③ (清)顾祖禹:《读史方舆纪要·卷八十九·浙江一》//《中国古代地理总志丛刊》,中华书局,2005年。

④ (清)顾祖禹:《读史方舆纪要·卷九十一·浙江三》//《中国古代地理总志丛刊》,中华书局,2005年。

⑤ (清)顾祖禹:《读史方舆纪要·卷九十·浙江二》//《中国古代地理总志丛刊》,中华书局,2005年。

⑥ (清)顾祖禹:《读史方舆纪要·卷九十二·浙江四》//《中国古代地理总志丛刊》,中华书局,2005年。

⑦ (清)顾祖禹:《读史方舆纪要·卷九十二·浙江四》//《中国古代地理总志丛刊》,中华书局,2005年。

环峙，川泽沃饶"①，温州府"东界巨海，西际重山，利兼水陆，推为沃壤"②。

同时，浙东沿海地理环境复杂多样，宁波府以北多为泥质海岸，以南多为基岩海岸。浙江沿海地区除了北部杭州湾周边为河口三角洲形成的冲积平原外，其余地区皆背山面海，多山地丘陵，地势南高北低，由北至南依次分布有会稽山、四明山、天台山、括苍山和雁荡山等山脉，形成一道天然屏障。同时，江浙一带自古水网密布，自北而南有东西苕溪、钱塘江、曹娥江、甬江、灵江、瓯江、飞云江、鳌江八大水系，这一天然地理优势能够实现河、海联动，为水军的教习、海防的发展提供先天优良场所。

浙江省海域面积26万平方千米，大陆海岸线和海岛岸线长6600千米，占中国海岸线总长的21%，居中国第一位。海岸地貌也千差万别，或平直，或曲折，或直面大海，或有众多岛屿遮蔽，面积大于500平方米的海岛有2878个，大于10平方千米的海岛有26个，是全国岛屿最多的省份。由于这些岛屿远离陆地，交通不便，是明代浙江海防建设的薄弱之处，一度沦为倭寇的休憩、聚集场所，舟山群岛、双屿岛等地都曾建有走私基地。

浙江直对日本，航路成熟，距离日本"盈盈一水，片帆乘风，指日可到"③。一般从日本出发，多从五岛④开洋，漂洋过海，距离短加上风向助力，四五天即可到达浙江沿海港口，因此日本来船多在浙东登陆。明代东南沿海主要威胁即为来自日本的倭寇，大多选择在浙江、福建一带登陆，其中又以宁波、台州、温州倭患最为严重。郑若曾在《筹海图编》就曾说到"自倭人入寇东南，惟浙为最甚。浙受祸，惟宁、台、温为最甚"。⑤洪武十九年以前，明朝沿海地区共遭受倭患33次⑥，其中浙江有11次，居全国首位（表2-2）。因此，浙东可谓是东南沿海门户，明代抗倭前沿。

表2-2 明朝洪武十九年以前沿海地区倭患次数统计表

地区	辽东	山东	南直隶	浙江	福建	广东	合计
次数	0	7	7	11	3	5	33

① （清）顾祖禹：《读史方舆纪要·卷九十二·浙江四》//《中国古代地理总志丛刊》，中华书局，2005年。

② （清）顾祖禹：《读史方舆纪要·卷九十四·浙江六》//《中国古代地理总志丛刊》，中华书局，2005年。

③ 郑广南：《中国海盗史》，华东理工大学出版社，1998年，第393页。

④ 即现在日本长崎县外海的五岛列岛。

⑤ （明）郑若曾：《筹海图编·卷五》，中华书局，2007年，第628页。

⑥ 范中义，仝晰纲：《明代倭寇史略》，中华书局，2004年，第18页。

倭寇东来的登陆地点与季风密切相关，"若其入寇，则随风所之。……若在大洋而风歘东南也，则犯淮扬，犯登莱（过步州洋乱沙，入盐城口则犯淮安，入庙湾港，则犯扬州，再越北犯登莱）；若在五岛开洋，而南风方猛，则趋辽阳、趋天津"①。倭寇登陆浙江一般选择在每年三至五月，这一时期风向多为东北风，且相对稳定，"浙海二千余里，何处不可登。三、四两月，何日不可到"②。三月以前，风向多变，不利于行舟；五月以后，南风渐生，利于倭船返航；重阳以后偶有东北风；十月以后，以西北风居多。这也直接影响了浙江沿海定期出海巡哨的时间，一般以三、四、五月为大汛，九、十月为小汛。

综上所述，山水交汇的自然地貌，滨海面岛的地理位置，顺应地形的气候条件，共同导致了浙江沿海成为明代倭寇入侵的主要目的地。

2.2.3 浙江沿海的社会经济环境

明代，浙江物产丰饶，商品经济繁荣，海外贸易发达，区域经济在全国范围内处于领先地位，自古以来就是对外贸易的主要基地。"浙居天下首藩，内为国家财赋之奥区，外为倭夷出入之重地"③，发达的社会经济使得浙江遭倭寇垂涎。

浙江地区盛产蚕桑、丝绸、棉花、棉布、陶瓷、铁器、茶叶等商品，均为出口周边国家和地区的重要商品，早在唐宋时期宁波就设有市舶司，专门负责对外贸易。到了明代，市舶司职能进一步细分，"设市舶司，置提举官以领之……洪武初，设于太仓黄渡，寻罢。复设于宁波、泉州、广州。宁波通日本，泉州通琉球，广州通占城、暹罗、西洋诸国"④，宁波的市舶司专供对日贸易，浙江一带逐渐成为中日贸易要区，"大抵日本所须，皆产自中国"。同时，浙江沿海地区水陆交通便利，为商品经济发展提供了基础条件。杭州为浙东陆路交通中心，以茧丝绵苎为商品交易的大宗；宁、绍、台、温则是水路交通要地，各地商人往来不绝；宁波沿海各县也是海商出没之地，在朝贡贸易的影响下，深度参与海上贸易。

商品经济和对外贸易的繁荣，使得浙东地区经济社会发展迅速，江浙地区的经济地位日益提升："浙西蚕桑之利，浙东鱼盐之饶，与江苏相伯仲，故东南财赋必数江

---

① （明）郑若曾：《筹海图编·卷二下》，中华书局，2007年，第178、179页。

② （明）赵炳然：《与杨虞坡书》//《明经世文编·卷二五三·赵恭襄文集》，中华书局，1987年。

③ （明）温纯：《自陈不职乞赐罢黜以公考察疏》//《温恭毅集·卷四》。

④ （清）张廷玉：《明史·卷八十一·食货》，中华书局，1974年。

浙"①。到了明代中后期，浙江行省已经成为全国重要的财赋中心。可以说，有明一代，浙江经济得到了空前发展，对全国经济起重要支撑作用，因此明代对浙江沿海的海防也格外重视。

2.3 温州地区的海防地理环境变迁

海防的建置除了受国家政策、军事制度和区域布防的整体要求影响以外，最主要的还是受制于布防地区的防区地理环境。温州地处浙江东南隅，东濒大海，北接台州，南与福建福宁地区相邻，自古以来就是浙江门户，温州也是明代倭患最为严重的地区之一。

蒲壮所海防体系覆盖的区域隶属于温州府，这里的地理形势十分复杂。温州西部分布有括苍山脉和洞宫山脉，中部是以雁荡山为主的低山丘陵，东部则是在瓯江、飞云江、鳌江以及东海共同作用下形成的江河冲积和滨海沉积平原。温州沿海岸线绵长，天然港湾众多，海岸正面海域宽阔，有四百余个海上岛屿形成海岸防御的屏障。同时，温州北接台州，南邻闽北，地处台湾海峡北段，军事地位重要，因此是沿海布防的重点区域。在明代的卫所海防体系中，温州地区卫所自北向南一字铺开，共形成了三个大的防区。蒲壮所即属于三大防区中的金乡防区，布防于平阳县境内。本节将从金乡战区和蒲壮所两个层面作为切入点，分析蒲壮所海防体系构建的最直接因素——区域地理环境背景。

2.3.1 温州海防三大防区

浙江沿海一线是明代倭患最为严重的地区，《筹海图编》有言，"自倭奴入寇东南，惟浙为最甚。浙受祸，惟宁台温为最甚"②。汤日昭曾言："瓯虽僻在一隅，实当东南要害，其牵缀弹压，关系十倍它州也。"③顾祖禹也曾说："温州与闽接壤，寇舶犯境，必首撄其锋。"④温州看似位于浙之一隅，实际却是保障浙闽安全的关键一环，

---

① （清）刘锦藻：《皇朝续文献通考·卷三百十六·舆地考十二》，上海古籍出版社，2003年。

② （明）郑若曾：《筹海图编》，中华书局，2007年。

③ （明）汤日昭，王光蕴纂修：《万历温州府志·序》，明万历三十三年刻本。

④ （清）顾祖禹：《读史方舆纪要·卷九十四·浙江六》//《中国古代地理总志丛刊》，中华书局，2005年。

因此明代在此布置较多的兵力，"卫所之棋布，视他郡独多"[①]，使其成为防守浙南闽北的战略枢纽。根据《中国人口史》中对明洪武二十六年浙江行省分府的人口统计[②]，温州府军籍人口数仅次于宁波府，军籍人口占总人口比例为全省最高，是重兵戍守的军事要地（表2-3）。

表2-3　明洪武二十六年浙江分府人口统计（单位：万人）[③]

府	民籍人口	军籍人口	总人口	军籍人口占比
杭州府	108.1	3.7	111.8	3.31%
湖州府	120.0	0.3	120.3	0.25%
嘉兴府	163.8	2.0	165.8	1.21%
绍兴府	133.5	3.3	136.8	2.41%
宁波府	94.3	6.7	101.0	6.63%
金华府	128.0	1.7	129.7	1.31%
温州府	89.3	5.0	94.3	5.30%
台州府	98.7	5.0	103.7	4.82%
严州府	35.2	0.3	35.5	0.85%
处州府	59.6	1.7	61.3	2.77%
衢州府	53.7	0	53.7	0

温州地区复杂的地理形势使得其海防地位突出，海防布局十分严密，卫所自北向南依次铺开，镇守着浙闽交界处的沿海防线。温州地区的卫所体系是在洪武朝30多年间逐步建立起来的。洪武元年（1368）置温州卫，以旧温州府治为卫治，"辖千户所五，曰左所、右所、中所、前所、后所……城守卫旗军防御耕屯训练后以供漕运"[④]。次年，设平阳守御千户所于平阳县城，隶温州卫。[⑤]府县城之外沿海卫所的普遍设立，则在洪武朝中期。洪武二十年（1387）汤和立金乡、盘石二卫，各置左、右、中、前、后五千户所，同时置宁村所于永嘉县，海安所、沙园所于瑞安县，蒲门所、壮士所于平阳县，蒲岐所、楚门所、隘顽所于乐清县。这些卫所的设置有效实现了沿海的"点"

---

①　（明）王瓒：《温州卫军器局记》//《温州历代碑刻集》，上海社会科学院出版社，2002年，第136页。

②　葛剑雄主编，曹树基著：《中国人口史·第四卷》，复旦大学出版社，2000年，第24页。

③　根据葛剑雄（主编），曹树基（著）：《中国人口史》第四卷第24页等内容绘制。

④　（清）李琬：《乾隆温州府志·卷八·兵制》//《中国方志丛书》，成文出版社，1983年影印本，第480号，第442页。

⑤　符璋，刘绍宽：《民国平阳县志·卷十七·武卫》，中华书局，2020年。

状防守，但要对全海岸线进行有力的控制，以保障府城、县城等政治经济军事要地，就必须按级别和职衔实施多层次的军力部署，在地理上形成由不同尺度、不同层级的军事设施构建的"片"状防守，本书将这种以卫所为中心的多层次海防体系所防守的地理空间称为"防区"。

　　随着卫所制度的逐步完善，温州形成了主要由金乡卫、盘石卫这两大系统和温州卫下辖的海安、瑞安、平阳三个守御千户所及相应巡检司、城寨、烽堠、墩台等构建的海防体系。根据温州地区的地理条件和卫所体系，划分为三大防区，自北至南依次为盘石防区、温州防区和金乡防区①。金乡防区负责瑞安县与平阳县的沿海防卫，盘石防区主守瓯江口及其以北的乐清县海岸，温州防区主要负责城池的防守及瓯江口至安阳江口海岸的防守。温州最南端的金乡防区为身后的平阳县域和县城提供坚实的屏障，蒲壮所海防体系即隶属于此（图2-1）。

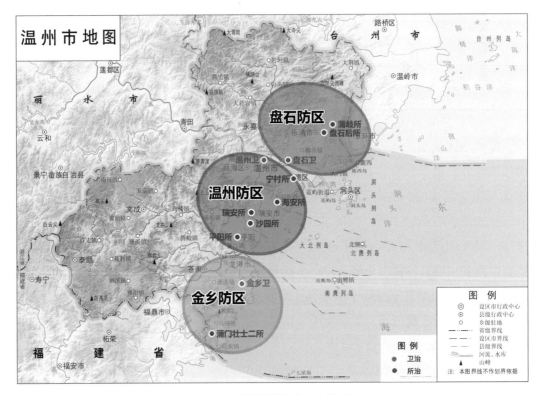

图2-1　明代温州海防三大防区

　　① 钟铁军：《明代浙江沿海海防地理研究》，黑龙江教育出版社，2019年。

温州防区位于温州中部，主要由温州卫及下辖的海安、瑞安、平阳三个千户所组成，除海安所单独筑城外，其余卫所都与府或县同城，主要负责温州府城和瓯江至横阳江海岸沿线的守卫。温州防区地势平坦，河道密布，是温州府城和瑞安县城、平阳县城所在地，因其政治战略地位成为明代温州海防的重点地区。

盘石防区位于瓯江以北，主要包括现在的乐清、永嘉一带，主要由盘石所及所辖的蒲岐所、盘石后所和宁村所三个外千户所组成。从地理分布上看，盘石防区主守温州府瓯江口及其以北的乐清海岸，其中瓯江入海口作为通往温州腹地的交通枢纽，"内控郡城，外联乌屿，为郡境之门户"①，是温州地区最为重要的军事要点。

金乡防区位于温州南部，核心由金乡卫和下辖的沙园所、蒲门所、壮士所构成，主要守卫从安阳江口到浙闽交界处的海岸。金乡防区地形复杂，海岸线漫长，形成众多岛屿与喇叭形的海岸，给温州府的海防带来了很大压力，因此也是明代浙江海防的重点区域之一。

2.3.2　金乡防区的海防地理环境

金乡卫位于浙江八大水系之一的鳌江中下游平原的南缘东侧，江南垟与望舟山脉相汇的地方，兼具防御海岸与保卫平原之责，是军事要冲。"金乡卫，坐居平阳县二十三都……其陆路东南有炎亭、大小濩、珠明、肥艚地方临海……水路东北有江口、肥艚、炎亭海洋，直冲南麂外洋，极其险要。"②金乡卫地理位置的重要性可见一斑。蒲壮所和沙园所分别作为金乡卫的左右翼，共同构成了一个战场广阔的卫所防区。

金乡防区位于浙江省最南端，飞云江以南，防区包含平阳县大部分的县域。防区以金乡卫为防御主导。由于温州防区内的平阳千户所纬度介于沙园所和金乡卫之间，金乡防区与温州防区的地理空间在横阳江以北部分有一定程度的重叠。防区的战略地位和战术布置的本质上是由于防区内的地理特征所决定的，平阳县境内以火山形成地貌为主，其次为沉积地貌，平原与丘陵交错分布，地势复杂。地势西高东低，西部四周高中间低，海岸线蜿蜒曲折。境内山多平原少，南雁荡山系和玉苍山系占据了县域的大部分面积，自古就有"七山二水一分田"之说。

正是平阳县北接温州、南抵闽境的地理位置，使其成为温州地区海防建置的重点

---

① （清）顾祖禹：《读史方舆纪要·卷九十四·浙江六》//《中国古代地理总志丛刊》，中华书局，2005年。

② （明）蔡逢时：《温处海防图略·卷一》，明万历澄清堂刻本。

区域，也是金乡防区布防于此的重要原因。结合县域内的地理形势，可以将金乡防区的地理环境特征作如下归纳：

（1）两省交会，浙南门户

金乡防区的战略地位首先在于其地缘关系，整个防区位于浙江和福建相接处，控扼台湾海峡北口，是明代浙江海防战线的南部端点。防区北部为瑞平平原，沙园所镇守安阳江口，实际是对平阳千户所和瑞安千户所形成的海防空间的前线补充；防区南部为鳌江中下游平原和浙南丘陵，由蒲门所、壮士所共同形成拱卫之势。

（2）山海相会，水陆相通

南雁荡山脉和鳌江水系贯穿全境，是连接东南沿海地区和内陆的交通要道，形成枕山面海的地理形势，地势险要，实为浙东南的咽喉部位。

（3）岛屿密布，海岸绵长

平阳海岸线长300余里，属里亚斯型沉降式海岸，由于海岸长期下沉，形成众多岛屿和喇叭形海岸，都是易受倭寇入侵之地，因此除了在海岸险要之处设置卫所外，还布局了大量的寨和烽堠，共同形成海防战线。

2.3.3　蒲壮所的海防地理环境

蒲壮所位于金乡防区，与福建福宁州交界，这一带海岸曲折，港湾幽深。由于蒲壮所由蒲门所和壮士所共同构成，因此其地理范围既包括蒲壮所城所在的马站平原，又包括壮士所城所在的东部滨海山系。近代以前，这一区域一直统称为蒲门地区。

唐朝以前，该地区是海湾一角，因潮汐涨落，泥沙冲积，渐渐形成菖蒲、苇草丛生的海涂，逐渐形成肥沃的滨海沉积平原，是平阳县境内仅次于鳌江下游江南平原最适于耕种定居的区域。1500年前来此垦荒的人，取蒲叶编织为门，因此称"蒲门"，距南约里许有海口，曰蒲海；又据传因扼蒲海之门，故称"蒲门"。蒲门地扼海口，后依群山，地形险要。虽然明代以前没有形成明确的海防制度和海防体系，但普遍在沿海地区会设置一些守卫屯军之所，起到了一定的海上防御作用。从这个意义上来说，蒲门地区的海防最早可以追溯到唐代，此后历代皆设边防设施，足见蒲门地区战略地位之重要。

蒲门地区背山面海，大体上继承了浙江"七山二水一分田"的典型地理地貌特征。

这一地区北面、西面靠玉苍山脉，东隔滨海山系面向东海，南面以沿浦湾为出海口，中央腹地形成的马站平原为浙江沿海小流域面积最小的冲海积平原，地势低平，河网交错，按照地质成因和高程的不同，又可以分为内侧的"冲积平原"、中部的湾内淤积平原和外侧的滨海平原。鳌江水系的支流蒲江从北向南贯通马站平原，成为蒲门地区水系的最大来源。

唐咸通年间（约在公元860年），设蒲门戍，实施区域管控，此时蒲门属温州安固县。唐代诗人陈陶曾在此写下《蒲门戍观海》一诗：

> 廓落溟涨晓，蒲门郁苍苍。登楼礼东君，旭日生扶桑。
>
> 毫厘见蓬瀛，含吐金银光。草木露未晞，蜃楼气若藏。
>
> 欲游蟠桃国，虑涉魑魅乡。徐市惑秦朝，何人在岩廊。
>
> 惜哉千童子，葬骨于眇茫。恭闻槎客言，东池接天潢。
>
> 即此聘牛女，日祈长寿方。灵津水清浅，余亦慕修航。

北宋哲宗元祐五年（1090）蒲门始设寨，设官营造船场，派兵把守，此时蒲门属望县，隶属温州管辖。另据《系年要录》记载，蒲门巡检有巡逻船只，船板平坦，船阔二丈八尺。政和六年（1116），有闽船以桐山栖林寺之经幢石压载于此。可见北宋时，蒲门是水陆交会的军事要塞。

南宋建炎四年（1130），蒲门设寨。南宋绍兴三十一年（1161），蒲门寨巡检采用温州进士王宪的巡船设计，巡船面阔二丈八尺，上面盖板平坦如路，堪通水战。元成宗大德八年（1304），蒲门立镇守司。

明洪武二十年，信国公汤和建蒲门所城和壮士所城。蒲门所城坐落在马站平原中部的沿浦湾淤积平原，壮士所城位于蒲门地区东侧的雾城月亮湾，两港湾相距不远，形成唇齿相依之势，是平阳县南部守御要冲。虽然明中期以后壮士所并入蒲门所，城池合一，但编制并未裁撤，额定的守军数目也未减少，足见其在军事地理上的重要性。

第3章 明代蒲壮所海防体系层级特征

一般而言，特定地区的战略地位，主要取决于战略价值，由地理因素、地缘因素和战略格局共同构成。从地理区位上分析，蒲壮所所处的蒲门地区背山面海，地形复杂；从地缘关系上看，以蒲壮所为核心的海防体系控卫的地理空间是由浙闽交界进入内陆的必经之路；从战略格局上看，蒲壮所是金乡防区的右翼，北部的沙园所为左翼，再加上居中的金乡卫，三者连线，在温州南部沿海形成了一道北起瑞安安阳江口南至沿浦湾（今苍南沿浦镇）的海防线。由此可见，蒲壮所海防体系在东南沿海具有极高的战略地位。

明代海防体系内涵丰富、变迁复杂，欲厘清这一时期蒲门地区海防体系的历史原貌和格局演变，前提是必须从时间演变和空间构成两个维度进行综合考察，只有这样才能全面展现海防建设与历史地理背景的独特关系。

3.1 蒲壮所海防体系构建脉络

海防体系的构建与特定时期的沿海形势息息相关，结合明代海防制度发展和温州地区倭患情况将蒲壮所海防体系建构分为三个历史阶段：洪武至宣德年间是海防体系初步建立的阶段，正统至嘉靖末年是海防体系调整和完善的阶段；隆庆至明末是海防体系的定型阶段。

3.1.1 初建期：明洪武至宣德

明初，针对东南沿海较为严峻的海防形势，浙江地区率先进行了有组织的海防体系建设。蒲门地区位居浙闽交界，群山环绕，在浙江占据重要的战略地位，其海防体系是依托于明初海陆两条海防战线构建和各个军事设施的建设而逐步建立起来的。

（1）设卫所，筑城池

卫城是明代海防最高级别的军事聚落，多位于沿海重要地带，管理周边较大范围内的海防事宜，通常驻兵数千，兵民混住。所城分千户所城、百户所城两种，大多独立于卫城之外，是次一级的军事节点。卫城、所城构成明代海防陆上防线的主体，海上防线一旦被冲破，必须承担起歼敌于海岸的重任，是明代海防聚落体系的核心内容。具体来说，蒲壮所海防体系的核心就是蒲门所城和壮士所城两座城池，始建于明洪武二十年，是浙江最南端的两处所城，嘉靖年间唐枢评论说："国初汤信国经理海防，北起乍浦，南迄蒲门，萦纡二千余里，设九卫，及诸所、诸巡司，总有百城。又营寨、烽堠，彼此录络，援应接济，血脉贯通"①。二者直线距离仅为8千米，小于浙江地区卫所18千米的平均间距（舟山除外）（图3-1），与山东地区的32.7千米更是相差甚远。这是由其所处的地理环境决定的，一方面浙闽沿海是倭患最为严重的地区，蒲壮所南侧的沿浦湾又是通向内陆的重要关口，海防任务重；另一方面是因为蒲门地区濒海多山、地形复杂、交通不便，使得调兵速度比平原地区迟缓得多，为了保证卫所间和整个防区的有效联动，必须要缩短军事聚落的间距。

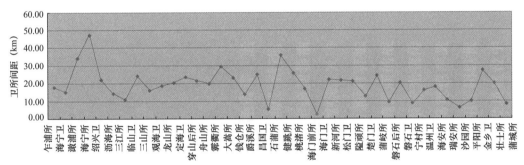

图3-1　浙江海防卫、所城聚落间距图

（图片来源：尹泽凯《明代海防聚落体系研究》）

（2）舟师巡海

在明末建国前，朱元璋便多次败敌于海上，建国后，更是建立起一支强有力的海军。明初尚未建立起大规模的陆上海防聚落时，沿海地区的海防便主要仰赖于水军的巡逻捕缴。洪武二年（1369）四月朱元璋遣使祭东海神时即言"命将统帅舟师扬帆海岛，乘机征剿，以靖边氓"②。洪武三年（1370）七月，诏置水军等24卫，每卫船50艘，军士350人缮理，遇调则益兵操之，出海巡捕③。洪武六年正月，又从德庆侯廖永

---

①　（明）郑若曾：《筹海图编·卷十二·经略二》，中华书局，2007年。

②　《明太祖实录·卷四十一·洪武二年四月戊子》，上海书店出版社，1982年。

③　《明太祖实录·卷五十四·洪武三年七月壬辰》，上海书店出版社，1982年。

忠言，命广洋、江阴、横海、水军四卫增置多橹快船，"无事则沿海巡檄，遇寇以大船薄战，快船逐之"①。洪武七年（1374），朱元璋"诏以吴祯为总兵官，于显为副总兵官，领江阴、广洋、横海、水军四卫舟师巡海备倭，所统在京各卫及太仓、杭州、温、台、明、福、淳、泉、潮州沿海诸卫官军，悉听节制"②。自此，"舟师巡海"的帷幕正式拉开，"每春以舟师出海，分路防倭，迄秋乃还"③，中央水军巡海构成了蒲门地区海防的最外层的保护屏障。

由于中国东南沿海海岸绵长，中央水军巡海行动难免出现疏漏，因此各地区各地方也在各辖区内派遣地方水军巡游作战，捕捉漏网之鱼（图3-2）。浙江、福建自明初起就是沿海建造军船防倭的先行地，洪武五年（1372）八月"诏浙江、福建濒海九卫

中国地图

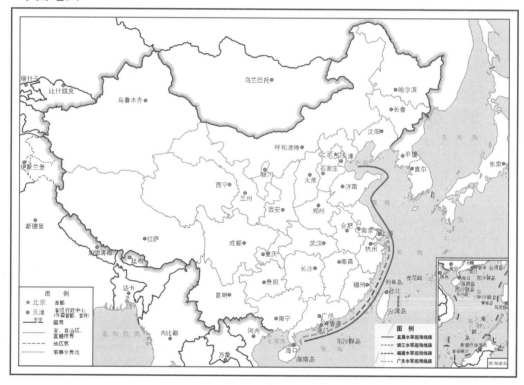

图3-2　明朝初期浙、闽、粤水军巡海线路示意图

① 《明太祖实录·卷七十八·洪武六年春正月庚戌》，上海书店出版社，1982年。

② 《明太祖实录·卷八十七·洪武七年春正月甲戌》，上海书店出版社，1982年。

③ （清）张廷玉：《明史·卷九十一·兵三》，中华书局，1974年，第2254页。

造海舟六百六十艘，以御倭寇"①，洪武八年（1375）四月"命靖宁侯叶升巡行温、台、福、兴、漳、泉、潮州等卫，督造防倭海船"②。明初的海船以大船、快船为主，利用体量的优势冲撞小型的倭船。

明初，浙江地区每卫皆配置战船，负责巡逻、哨守，洪武三年（1370），"诏置水军二十四卫，每卫船五十艘，军士三百五十人缮理，遇调则益兵操之，出海巡捕"③。洪武五年（1372），命"浙江、福建濒海九卫造海舟六百六十艘以御倭寇"④。同年，"诏浙江、福建濒海诸卫改造多橹快船以备倭寇"⑤。《筹海图编》亦有载："国初沿海每卫各造大青及风尖八桨等船一百余只，出海指挥统率官军更番出洋，哨守海门诸岛，皆有烽墩可为停泊……有警，则我大船火器冲截，贼入，不得越过各岛，彼毒无所施……"⑥。温州卫始建于明洪武二年（1369），是浙江地区最早建立的卫，明初蒲门地区即属其管辖。洪武二十三年（1390）四月，朱元璋又诏滨海卫所，"每百户置船二艘，巡逻海上盗贼，巡检司亦如之"⑦，自此地方卫所和巡检司普遍配备战船，开始承担起出海巡逻的任务。

虽然中央水军和地方水军协同作战已经覆盖了绝大部分的海面，但仍然有所疏漏，且无法改变舰船海上攻击线路的不确定性这一客观规律。漏网之鱼一旦逼近海岸，近乎不设防的沿海地区只能任之宰割。因此，明代中前期的舟师巡海政策未能延续下来。

（3）设立巡检司

明初，为了镇压人民的反抗，在一些地方大量设置巡检司。洪武中期随着反抗斗争的逐步平息，朝廷大量裁撤了不必要的巡检司，"非要地者悉罢之"⑧，其中洪武十三年（1380）就一次性裁撤巡检司354个。此后便开始有规划、有选择地在关隘要口设置巡检司，负责地区日常巡查工作。明代蒲门地区最早的巡检司是洪武十一年（1378）三月设立的"下村巡检司"，位于今沿浦镇下在村⑨。

洪武二十六年（1393），明政府进一步规范了巡检司制度，据《明会典·兵部》记

---

① 《明太祖实录·卷七十五·洪武五年秋七月甲申》，上海书店出版社，1982年。

② 《明太祖实录·卷九十九·洪武八年夏四月丙申》，上海书店出版社，1982年。

③ 《明太祖实录·卷五十四·洪武三年秋七月壬辰》，上海书店出版社，1982年。

④ 《明太祖实录·卷七十五·洪武五年秋七月甲申》，上海书店出版社，1982年。

⑤ 《明太祖实录·卷七十五·洪武五年十一月癸亥》，上海书店出版社，1982年。

⑥ （明）郑若曾：《筹海图编·卷十二·经略二》，中华书局，2007年。

⑦ 《明太祖实录·卷二百一·洪武二十三年夏四月丁酉》，上海书店出版社，1982年。

⑧ 《明太祖实录·卷一百三十四·洪武十三年冬十月癸酉》，上海书店出版社，1982年。

⑨ 陈明涌：《"龟峰巡检司"驻地考》，《苍南历史文化》2018年第2期。

载："凡天下要冲去处，设立巡检司，专一盘诘往来奸细及贩卖私盐、犯人、逃军、逃囚、无引面生可疑之人。"[1]不难看出，关津、要冲之处是设置巡检司的主要地点；盘查过往行人是巡检司的主要任务；稽查无路引外出之人，缉拿奸细、截获脱逃军人及囚犯，打击走私，维护正常的商旅往来等是设置巡检司的主要目的。涉及到具体的地区，巡检司的职责也有所差异。洪武二十六年蒲门所设井门巡检司，位于五十五都，东可瞭望海面，西可俯瞰马站平原。明宣德三年（1428），移井门巡检司于龟峰[2]，即为后来位于马站镇三墩洲村的龟峰巡检司。

（4）烽堠、墩台、关隘的设立

除了卫所、巡检司这类具有一定规模的军事聚落外，海防体系内还包括大量的控扼关口的关隘和用于观察、通报敌情的墩台、烽堠等小型设施。

海防关隘严格意义上分为"关"和"隘"两部分，"关"为水关，"隘"为山隘。关隘为卫城、所城中间地带设立的具有治安巡逻性质的军事设施，其职能与巡检司相似，但规模和兵力要小于巡检司，驻兵通常为30—50人，是最低等级的海防军事聚落。关隘设置原则是选择交通枢纽或关键节点，所谓"津陆要冲，置为关隘"。关隘是属于地方政府设置的军事机构，裁撤自由。关隘驻防士兵充分利用有利地形构筑防御工事，主要控制海岸、海口、重要战略地点等重要地段，对倭寇登岸以及行进形成一定程度的阻击。

墩台、烽堠即指瞭望台、烽火台等，是冷兵器时代传递军事信息最快、最有效的方法，在中国有悠久的历史。明代墩台、烽堠是卫所、寨、台、巡检司、关、隘之间信号传递的主要途径，一旦有战况发生，可使所城及其他海防设施能及时做好战斗准备，赶赴敌人入侵地域，歼灭入侵之敌。根据燃料不同，烽火台分为烟、火两种，分别据其视觉特性在白天和晚间使用。文献中也对明代烽堠间的信息传递方式有详细的记载："如遇了见异船在海行驶，即于贼船近处堠上举大白旗，各墩连接走报；如贼势将登犯某处地方，日则举烟，夜则举火，仍放大铳三个，鸣锣，令一军执小旗，打小锣，将贼船数目、登犯某处地方、情由，毋分雨夜，走报邻墩，一体传报。"[3]此外，常设用来瞭望敌情的瞭望台，其体量较大，往往设在山体最高点，视野开阔，有警时也可作烽火台用。烽火台、瞭望台往往合建，综合发挥瞭望、传递信息的作用。

---

① 《明会典·卷一百十三·兵部八》，中华书局，1989年。

② 《明宣宗实录·卷三十七·宣德三年二月己巳》，据广方言馆本补用嘉业堂本校。

③ （明）应槚，刘尧诲：《苍梧总督军门志·卷二二》，岳麓书社，2015年。

按照《筹海图编》载:"洪武十七年(1384),信国公汤和经略沿海备倭,凡卫所城池、巡司、关隘、寨堡、屯堠,皆其所定。"[①] 蒲壮所海防体系内的下魁隘、上魁隘、菖蒲隘、团军隘、木林隘、高垟隘和镇下关7处关隘;水竹瞭望台、高垟瞭望台两处墩台,及各自附属的一处烽堠;蒲门所下辖县中烽堠、四表烽堠、南堡烽堠、分水隘烽堠四处,壮士所下辖雷岙烽堠、尖山烽堠、时家烽堠三处,大多建于明洪武年间。

3.1.2　重构期:明正统至嘉靖

明初以卫所为核心的海防体系基本建立,有效遏制了倭寇的嚣张气焰,尤其是永乐六年(1408)望海埚一役后,倭寇元气大伤,"自是倭大惧,百余年间,海上无大侵犯"[②]。此后较长一段时间内,沿海一带总体上保持着安宁。明正统到正德年间,蒲壮所海防体系在整体海防形势缓和的背景下,进行了一些调整。到了嘉靖年间,由于管理体制僵化,社会矛盾不断激化,国家内忧外患。嘉靖二年(1523)发生于宁波市舶司的"争贡之役"[③] 深刻影响了沿海形势,嘉靖三十年以后东南沿海倭患大爆发,沿海几省数被荼毒,尤其是两浙一带受害最深,直接导致了壮士所迁址、寨城补防以及区域管理制度的变化,蒲壮所海防体系的空间结构在这一时期发生了显著的变化。

(1)壮士所迁址

明中期蒲壮所海防体系的一大变动是壮士所的迁城,使得原有体系内两个所城分控东西的局面变为以蒲壮所城一城为中心,一方面海防体系的空间结构产生了变化,控制中枢更为集中,另一方面也导致了蒲壮所城的扩建。

关于壮士所迁址的时间,各个文献众说纷纭。万历《温州府志》说:"壮士千户所洪武二十年置于平阳小洋孙,后因倭夷登岸,信国公奏请归并蒲门城内"[④],似乎洪武年间壮士所已与蒲门所合并。但根据雍正《浙江通志》:"壮士所,洪武二十年建,在

---

①　(明)郑若曾:《筹海图编·卷五·浙江倭变纪》,中华书局,2007年。

②　(清)张廷玉:《明史·卷八十九·兵三》,中华书局,1974年,第2244页。

③　1523年,日本大名细川氏和大内氏势力各派遣对明朝贸易使团来华贸易,两团在抵达浙江宁波后因为勘合真伪之辩而引发冲突,在浙江宁波爆发了武力杀戮事件。大内氏代表宗设沿路烧杀抢掳,对当地居民造成很大损害,追击的备倭都指挥刘锦、千户张镗等明朝官兵战死。

④　(明)汤日昭,王光蕴:《万历温州府志·卷六·兵戎》,明万历刻本。

平阳县东北五十里，隆庆初并入蒲门"①，此与前说大不一致，认为隆庆初年壮士所并入蒲门所城。又弘治《温州府志》记载："壮士千户所洪武二十年置于平阳小洋孙，后因倭夷登岸，归并蒲门城内"②，说法与万历府志相近。查蒲壮所倭寇入侵记录，正统八年（1443）十月和正统十一年（1446）十月皆有倭寇侵犯壮士所，可见此时壮士所仍有军队驻扎，因此洪武年间并入的说法明显有误。一般认为，正统年间壮士所因倭寇火攻被迫迁入蒲门所办公，弘治之前二所已正式合并，共用原蒲门所城办公。

壮士所城是明代浙江为数不多使用时间不足百年的卫所城池，其迁址主要受到地理气候和城池设计缺陷的影响。一方面，壮士所城地处潮湿的滨海山谷地带，容易起雾，且雾气不易散去，对瞭望沿海敌情和烽堠间的信息产生了极不利的影响，直接降低了壮士所城的守御能力。另一方面，明代为了加强卫所城池本身的防御，普遍在城门处设置瓮城，壮士所城南门未设瓮城，成为城防系统最为薄弱的地方，近年来的考古也证实南门是倭寇火攻的突破口，加上东侧滨海未设护城河，倭寇登陆后可直抵城下，城防系统存在较大的设计缺陷。这两方面的原因使得壮士所城极易受倭寇侵扰，并最终被攻破，直接导致壮士所放弃原有驻地内迁至蒲门所城。

壮士所守御的东海海岸线长达15千米，实际上是浙江南部马站平原东线防守的门户，迁址后对蒲壮所海防体系的空间格局产生了重要影响，一方面，一定程度上造成了防区东侧的防守缺口，直接催生了明中期后城门隘、上魁隘、下魁隘及高垟寨等军事设施，重组马站平原东侧防线；另一方面，蒲门壮士二所同城办公，改变了原有体系内两个所城分地而治的空间格局，变为由一个中心统筹协调其他军事设施，两所协防愈加便利，各烽堠间的联系更加紧密。

（2）分区管理

正统八年（1443），为了避免各卫所之间遇战事相互推诿的情况，户部侍郎焦宏提出对浙江海防体系进行整治，实行分区管理，"缘海卫所，宜画疆分守，不得互诿"③，以昌国卫为界，将浙江沿海卫所分为南北两大区块，"自健跳至蒲门千户所共一十七处，令署都指挥佥事萧华领之"④，建立了明确的分防区划，蒲门所位于浙江南区的最南端，由都指挥佥事萧华统筹管理，有效加强了蒲壮所与其他沿海防区的协作。

---

① （清）李卫，沈翼机，傅王露：《雍正浙江通志·卷九十七·海防三》，清光绪刻本。

② （明）王瓒，蔡芳：《弘治温州府志·卷九·兵卫》，上海社会科学院出版社，2006年。

③ （明）王士骐：《皇明驭倭录·卷之八》，明万历刻本。

④ 《明实录·卷一百零一·正统八年二月丙午》，"中央研究院"历史语言研究所，1962年影印本。

（3）水寨的重新修补及旱寨的设立

温州府下设的五水寨设立时间较早，由于明中期沿海防务懈怠，出现了水寨军员减少、备倭船只所剩无几等情况。明宣德十年（1435），朝廷下令"罢浙江水寨海船守备"[①]。明弘治年间（1488—1505），镇下关因蒲壮二所船料缺额故废[②]。可见到弘治年间，镇下门水寨不论是军事管理还是战船配置都已削弱，近海作战能力大幅下降。

嘉靖二年（1523），"争贡之役"后中日贸易中断，倭寇大肆侵犯中国沿海岛屿。嘉靖五年（1526），御史简宵对"沿海诸卫军伍虚耗，水寨军及备倭船存者无几，故山海寇发，率临时募兵造船，动失机宜"的情况，上疏提议"充实水寨军伍，修补战船，加强水军操练，以备缓急"[③]。嘉靖三十三年（1554），在蒲门招募一支水军，同时增设镇下关水寨，恢复防区内的地方水军配置。次年，镇下关设总哨官1员，领哨官1员，船17只，兵436名，汛期屯泊官奥，守洋孙、大奥、竿山、潼头一带。北与江口关，南与福建烽火门，下接南麂，游哨各官兵交相会哨，专御蒲壮、金乡、大小渔一带地方，标志着巡洋会哨制度在浙闽交界处的正式实施。

除了水寨以外，明中期还在陆上要冲地方设立旱寨，有效改善了卫所间因距离过远而支援不及的不利局面，弥补了沿海防御线上的漏洞。在蒲壮所海防体系内修筑了多座寨城，一处是蒲门所东南的程溪寨，南边可直抵大海，向西能够抵达镇下口水寨，是蒲口所境内的要区；另一处是位于蒲门所东面的菖蒲洋寨，由于临近海滨，倭寇容易进犯，守御任务较重。明嘉靖年间"大倭寇"出现后，地方政府也在部分地区配备了七溪寨、木林寨、高洋寨三处寨城，进一步加强了区域的整体防御能力。

（4）新的海防职务（建制）设立

嘉靖时期，营兵制逐渐取代了明初广泛实施的卫所制，明政府通过招募士兵提升军队战斗力，同时也重新整合了沿海备倭的官职设置，浙江地区由原来的四把总改为四参六把总，分别为杭嘉湖参将、宁绍参将、台金严参将和温处参将，辖海宁把总、定海把总、昌国把总、临观把总、松海把总、金盘把总。

---

① 《明实录·卷三百六十一·宣德十年三月己卯》，"中央研究院"历史语言研究所，1962年影印本。

② （清）李琬，齐召南：《乾隆温州府志·卷十三·关梁》，清同治刻本。

③ 《明世宗实录·卷六十一·嘉靖五年二月壬戌》，"中央研究院"历史语言研究所，1962年影印本。

温处参将，统率陆兵九营，分别为标营、左营、右营、中营、前营、后营、蒲岐营、珠明营、炎亭营。下辖水军二支，分别为游哨和随征[①]。

金盘把总则主要负责统率水军，其麾下共有游哨、黄华关、飞云关、江口关、镇下关等五支水军。游哨设有备倭把总一名，部领哨官二名，配有战船四十八艘，下辖士兵一千二百五十五名。游哨兵船汛期屯泊在南麂海洋，专门守御南龙、长赖、竹屿、南漩、绿鹰、迤南、流江、南镇一带外海。往南与福建烽火寨，往北与本参中军游哨会哨，是镇下、江口二水关的外围屏障。镇下关水军设有总哨官一名，部领哨官一名，配有大小战船十七艘，士兵共计四百三十六名。

把总、总哨、领哨等新的海防职务设立，完善了蒲壮所海防体系内的水军队伍建设，有效提升了海防实力。

3.1.3　定型期：明隆庆至明末

嘉靖期间倭患大爆发虽然给沿海民众带来了沉重的苦难，但也为明政府彻底解决倭寇问题提供了契机。随着隆庆初年海禁政策的放松，沿海贸易逐渐恢复，倭寇侵扰寥寥可数，大多都被巡洋官兵及时发现，在海上进行围剿，浙江沿海地区迎来了难得的安宁。这一时期的各类军事设施大多皆已定型，只是在军队的人员构成和战舰数量等方面作出了一些调整，同时民间力量也逐渐为沿海抗倭提供支持。

万历十九年（1591），为了应对可能出现的倭患，政府诏令兵部申饬海防，沿海各地纷纷募兵造船以备倭，温州府各水军的人员、战船数额在这一年也发生了较大变化。镇下关，"议增各船民兵，内二号福船一只，二十名；草撇船二只，各八名；铁船三只，各四名；号船四只，各二名，共增民兵五十六名；渔哨船五只，各军三名，共增军十五名"[②]，共增加船15只，相较嘉靖年间增加近一倍，军船的类型也更加丰富，既有体型庞大的福船，又有灵活轻便的号船、渔哨船等，构成更加合理，能够适应不同环境下的作战需求。

隆庆年间（1567—1572），明廷调整了浙江的军兵与民兵的数量，缩减军兵数额，扩大民兵规模。浙江也按此要求对军队人员构成比例进行了调整，规定民兵队伍分派各府，杭、湖、严、绍、宁、台、温七府，每府分派一总。同时还特别强调军兵、民

---

①　（明）侯继高：《全浙兵制·卷二》//《四库全书存目化书》，齐鲁书社，1995年影印本，第163页。

②　（明）侯继高：《全浙兵制·卷二》//《四库全书存目化书》，齐鲁书社，1995年影印本，第165页。

兵间的协调合作，让民兵"听各该总参都司把总官，与军兵合营操练"①。

明中后期，海防体系内各类官方修筑的军事聚落已基本成熟，控扼了防区内的关键位置。但还有广大的沿海乡村成为防御漏洞，"所虑者村落之民、耕作之辈耳，徙之城市则夺我农时，任其便安则遭罹□患"②，因此在嘉靖倭患爆发之后，在温州沿海修筑了一大批民堡。蒲门地区一些早期的修筑的寨、隘等军事聚落随着海防形势和兵力布置的变化已不再驻军，转化为纯民间聚落，但其地理位置仍然十分关键，为了保障居住环境安全，在原有军事堡垒的基础上修建完善城防系统进行自卫。城门朱堡的前身为城门隘，白湾堡的前身则是七溪寨。

明后期海防体系的稳定发展，一方面是基于明前期和中期数百年的不断完善，另一方面是明代后期的主要军事压力来源于东北地区，加上财政压力巨大，海防被置于相对次要的地位，没有进一步的发展。

3.2　蒲壮所海防体系的空间层级

倭寇入侵来自海上，决定了海防布置有两种思路：以海上防御为主或以陆地防御为主。结合洪武初年海防的经验、教训，明人认为海上防线应优先于陆地防线。处于海防第一线的官员们屡屡表达了这一观点，如应天巡抚翁大立认为："海防之要惟有三策：出海会哨，毋使入港者，得上策；循塘据守，毋使登岸者，得中策；出水列阵，毋使近者，得下策；不得已，而至守城，则无策矣。"③主政浙江的胡宗宪也认为："防海之制，谓之海防，则必宜防之于海。犹江防者，必防之于江，此定论也。"④郑若曾认为："哨补于海中而勿使近岸，是为上策；拒守于海塘、海港，而勿容登泊，是为中策；若纵之深入，残害地方，首当坐罪。"⑤曾参与抗倭斗争的归有光认为："不御之外海而御之于内海，不御之于内海而御之于海口，不御之海口而御之于陆，不御之于陆则婴城而已，此其所出愈下也。宜责成将领严立条格，败贼于海为上功。"⑥明代数百年

---

①《明会典·卷一百三十一·镇戍六》，中华书局，1989年。

②（明）陈子壮：《昭代经济言·卷十四·民堡说全》，清岭南遗书本。

③（明）郑若曾：《筹海图编·卷六·直隶事宜》，中华书局，2007年。

④（明）归有光：《震川先生集·御倭议》，上海人民出版社，2020年。

⑤（明）郑若曾：《江南经略·凡例》//《四库全书·子部·兵家类》（第728册），上海古籍出版社，1987年，第4页。

⑥（明）郑若曾：《筹海图编·卷六·直隶事宜》，中华书局，2007年。

的抗倭历史证明了单靠海上防御难以全面防御，完整的海防体系必然是"御海洋""固海岸""严城守"的集合，总体而言，明代的海防体系建设基本是按照方鸣谦建议的"量地远近置卫所，陆聚步兵，水具战舰"实施的，在海上、海岸、陆地三个空间内构建一个陆海相维、具有一定层次和纵深的海防体系（图3-3）。

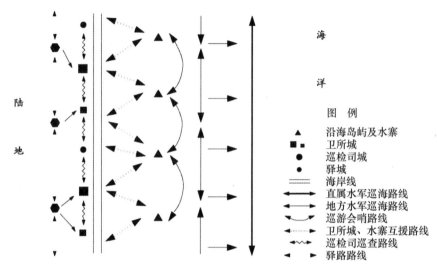

图3-3　明代海防层次体系示意图

（图片来源：尹泽凯《明代海防聚落体系研究》）

千户所是明代海防体系中数量最多、分布最为广泛的设施，也是基层组织中最核心的一环，起到承上启下的作用。一方面，所作为卫的基本构成要素，直接接受上一层级的命令，在以卫为核心的大范围战区起到拱卫的作用；另一方面，所城与周边的寨堡、巡检司、关隘、墩台烽燧彼此关联，作为兵力相对较大的一类设施，能有效组织周边的各类海防设施、军队、战船，形成以所为核心的小范围战区，构筑明代海防的基本单元。

蒲门所和壮士所作为明代典型的沿海卫所，其海防体系具有一定的代表性。其建设并非一蹴而就的，布局也有一定的规划，并根据海防形势不断调整和完善。从空间层次上来说，蒲壮所海防体系包括海上巡逻、沿海预警和陆上守备三个层次，各层次既各司其职，又环环相扣，防御力度从海洋到陆地逐渐加大。嘉靖年间经营浙直御倭事宜的胡宗宪指出："我祖宗开创之初，深虑倭夷为患，加意海防，建设卫所，战舰鳞次，烽堠星罗。领哨有出海之把总，备倭有总督之都司。法不可谓不密矣"[①]，明确将战

---

① （明）胡宗宪：《为海贼突入腹里题参各官疏》//陈子龙等辑：《明经世文编·卷二百六十六·胡少保奏疏二》，中华书局，1987年，第2813页。

舰也作为海防中不可或缺的要素，因此海防体系的构建不只牵涉城、寨、台、烽堠等设施构成的实体防线，还包括合理的兵力和军船布防。蒲壮所海防体系作为明代中国东南沿海海防基本单元，其体系建构不仅体现了以"卫所制"为核心的明代军事制度特点，更是明代数百年来海防思想和政策发展演变的集中体现。

　　海防体系建设是一个循序渐进的过程，因此对于特定地理区域，其海防体系在不同历史阶段的具体构成有所差异，军事设施的级别和性质常有变化，但到明中后期，防御节点和整体的空间层次基本稳定下来。考虑到明万历年间蒲壮所海防体系已基本定型，本书以明万历三十年编著的《两浙海防类考续编》中的《全浙海图》为基础（图3-4），试析蒲壮所海防体系空间层次（图3-5）。

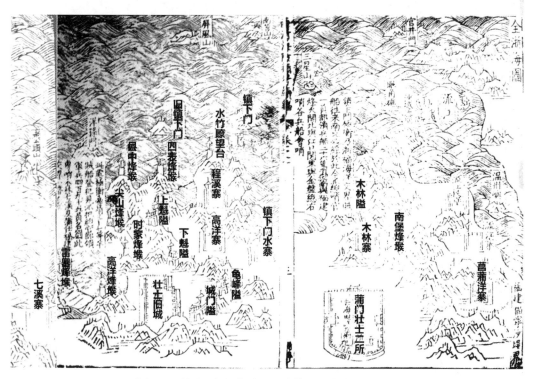

图3-4　明万历年间蒲壮所海防体系的各类军事设施
（图片来源：根据《全浙海图》改绘）

3.2.1　第一层级：海上巡逻

　　海上巡逻包含中央直辖水军巡海与地方卫所水军巡海，是海防体系抵御倭寇入侵的第一重防线。明代早期，各省巡海的任务主要由在京各卫水军及沿海各省卫所的水军承担，辅之以各府县巡检司弓兵。就巡海范围来看，这一时期各出海舟师巡海范围

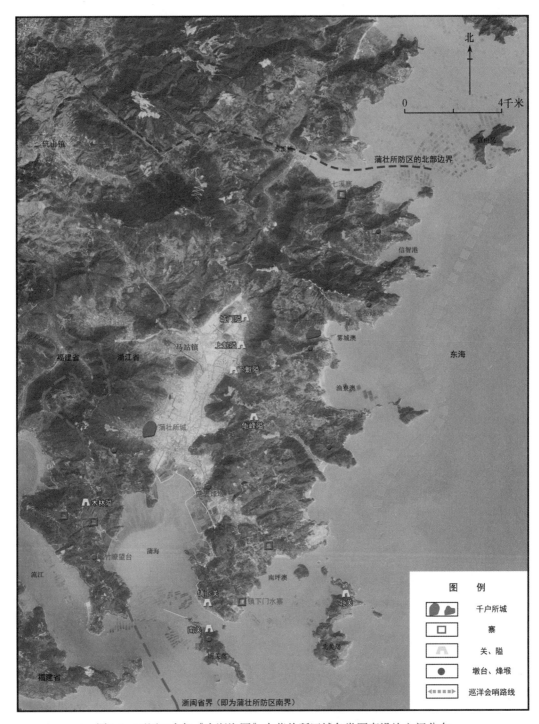

北

0　　　　　　　4千米

东溪洲

蒲壮所防区的北部边界

七溪寨

信智港

矾山镇

城门隘

上魁隘

马站镇

下魁隘

雾城澳

东海

龟峰隘

渔寮澳

蒲壮所城

福建省

浙江省

西湾烽堠

木林隘

蒲海

瞭望台

流江

南坪澳

镇下关

镇下门水寨

北关

南关

福建省

浙闽省界（即为蒲壮所防区南界）

图　例	
	千户所城
	寨
	关、隘
	墩台、烽堠
	巡洋会哨路线

图3-5　万历三十年《全浙海图》中蒲壮所区域各类军事设施空间分布

较为广阔，或跨两省或跨数省。

至明代中后期，明初广泛实行的舟师巡海制度转化为"巡洋会哨"制度，海上巡逻主要由水寨和游兵负责。朝廷将水寨之间巨大的空隙详细划分，作为各水寨信地，由游兵负责在信地之间驾船巡逻。当无敌情时，游兵于信地交界处交换公文、信物，完成巡洋会哨任务；当遇到敌情时，游兵则负责向邻近水寨通报敌情信息并歼灭入犯敌人。游兵的巡哨起着预警与歼敌双重作用。蒲壮所地区的水上巡逻主要由两部分组成：一是金盘备倭把总下的游哨，镇下、江口二关外藩；二是镇下门水寨设置的镇下关哨，配备大小战船和民捕舵兵、军兵，汛期屯泊官吞海洋，哨守洋苏、大礐、竿山、潼头一带地方，北与江口关，南与福建烽火门，下接南鹿游兵哨各官兵交相会哨，专御蒲壮、金乡迤南大小濩一带地方。

3.2.2　第二层级：沿海预警

沿海预警主要依靠由烽堠、墩台构成的信令传递系统进行。蒲壮所海防体系内除了《全浙海图》上绘制的一处墩台和七处烽堠外，根据目前的海防遗存情况分析，各个寨、隘大多也建有烽堠作为配套设施。当观察到敌情时，用过"日则举烟，夜则明火"的方式将信息一层层传递到处于相对内陆的各个军事城池，提前进行兵力调配和战术准备。信令传递系统构建了区域内的基层信息传递网络，对海防体系整体的效能起到极其重要的作用，构成了海防体系的第二层次。

3.2.3　第三层级：陆上守备

第三重防线则是由陆上防御聚落及军事设施构成，包含卫、所、堡、寨、驿递、巡检司等在内，卫城为明代海防防御体系中级别最高的海防聚落，辐射范围可达周边一定区域，其防御布置及下辖聚落分布大多呈放射状，卫所为防御体系的主要力量，堡、寨、巡检司设立于卫所之间辅以防御，目的为增强海防聚落沿岸线的覆盖密度与联系，军事聚落与墩台、烽堠、驿递间保证顺畅的军事信息传递通道，至此陆上防御形成以卫所为核心、层级分明的网状空间结构。

3.3　各层级海防设施举要

明初，朱元璋即在全国范围内设置了多个卫所，这一时期多是散点建设，旨在对一些重点地区实施布防。洪武十七年（1384）正月，明太祖遣"汤和巡视沿海诸城防倭"①，"和请与方鸣谦俱"②，巡视防区包括山东、浙江、福建等地沿海。方鸣谦提出海陆共防的策略，改变了建国初以海上防御为第一要务的思路，"倭海上来，则海上御之耳。请量地远近置卫所，陆聚兵，水具战舰，错置期间，俾倭不得入，入亦不得傅岸，则可制矣"③。自此，有明一代开始综合考虑距离和地理环境，系统规划陆上军事设施建设，包括卫所、堡、寨、关隘、墩台、烽堠等，其中卫城、所城是海防军事力量的驻扎地，也是海防体系的骨架，堡、寨、关隘是低级别海防聚落，烽堠、墩台是针对海上军事信息的信号传递系统。此外，因海防而建的沿海各级政府城池、作为陆上敌情排查系统的巡检司城以及用于信息传递的驿递系统，也是海防聚落体系的重要组成部分（图3-6）。

3.3.1 海上巡逻设施——水寨

虽然明代初期即有中央海军和地方海军定期巡海，但却难免出现漏网之鱼。加之明代倭寇乘船渡海而来，由于路途遥远，他们时常于近海岛屿上登陆休整，一方面准备水和食物，另一方面可以窥视沿海兵防的虚实。明廷为了应对这一情况，在沿海的重要岛屿上建设水寨，驻泊军船，将这些岛屿建设为海上兵防的据点，成为"御海洋"的主要设施。方鸣谦曾在御倭策略中提到"但于沿海六十里设一军卫，三十里设一守御千户所，又错间巡检司，以民兵策应，复于海洋三大山设水寨、战船，兵可无虞"④。沿海设置水寨、布置游兵和战船，构成近海第一道防御战线。

水寨是明朝"御之于海上""防之于海""游击于海上"的主要实现措施，即在倭寇入犯之初，将其歼灭于海上。水寨作为海陆交界处的重要军事设施，除了承担守御海上要冲，保护近海航线、驻防沿海岛屿的作用外，还为周边卫所巡海船只提供停泊地点与军需物资等。明代温州府境内共有五处水寨，分别为白岩塘水寨、黄华水寨、飞云水寨、江口水寨和镇下门水寨，控扼各大水系关卡（图3-7）。其中位于蒲门地区东南部的镇下门水寨属金乡卫管辖，是守卫瑞安所、平阳、赤哨等处的前线要地，《筹海图编》记载："镇下门水寨，东距大海，倭若登犯，径抵瑞安所城则平阳、赤哨诸

① （清）张廷玉：《明史·本纪·卷三》，中华书局，1974年。
② （清）张廷玉：《明史·卷一百二十六·汤和传》，中华书局，1974年。
③ （清）张廷玉：《明史·卷一百二十六·汤和传》，中华书局，1974年。
④ （明）瞿汝说：《皇明臣略纂闻·卷二·兵事类》//《北京图书馆古籍珍本丛刊·10·史部·杂史类》，书目文献出版社，1990年。

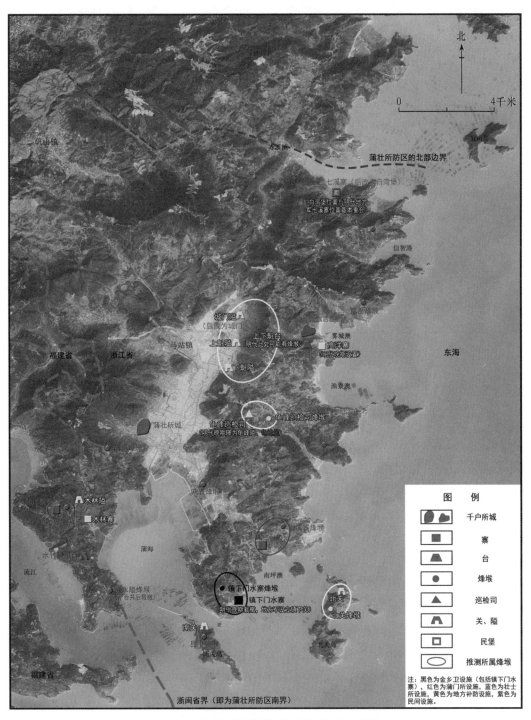

图3-6 明代蒲壮所海防体系军事设施布局图

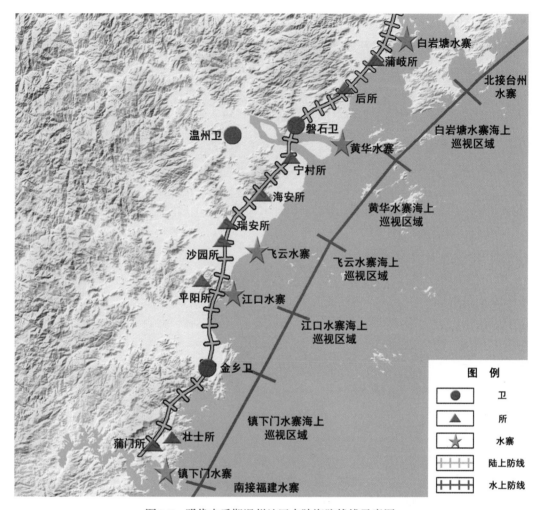

图3-7 明代中后期温州地区水陆海防战线示意图

处无策捍御，极为冲要"①。镇下关与蒲壮所关系紧密，二者互为水陆防御补充，构成"陆聚兵，水具战舰"的防卫体系。

在海上设立水寨是明代首创，"寨游之设，古未有也"②，明永乐年间开始设立水寨，镇下门水寨即设于这一时期。水寨设立初期，将沿海卫所的军船尽数集中到水寨中，以便统一调度，增加沿海巡防的实力调卫所战舰协哨，"欲聚重兵一处，壮两浙声援"③。水寨布局相对稀疏，各水寨之间往往相距数十至数百千米不等，为了更好地

① （明）郑若曾：《筹海图编·卷五·浙江事宜》，中华书局，2007年。

② 《顾炎武全集》（第16册），上海古籍出版社，2011年，第3130页。

③ 明天启《海盐县图经》卷七《兵卫》，《中国方志丛书》（第589册），第612页。

进行分工与合作，明廷便将水寨之间的巨大空隙详细划分，作为各水寨的"信地"，由游兵来控制，游兵从水寨协防的卫所兵员中临时抽选，"往来策应，使沿海常余一游之师，以待其急；而随处得借一游之势，以壮其援"[①]。明中期，巡游会哨制度正式确立，游兵持信物和公文在信地之间驾船巡逻。当无敌情时，游兵于信地交界处交换公文、信物，完成巡洋会哨任务；当遇到敌情时，游兵则负责向邻近水寨通报敌情信息并歼灭入犯敌人。游兵的巡哨起着预警与歼敌双重作用。

《万里海防图论》说："浙东地形与福建连壤，浙西地形与苏松连壤，各有辅车相依之势，故分哨各官宜互为声援往来会哨（以交信/票为验）。南则沈家门兵船哨至福建之烽火门而与小埕兵船相会，北则马墓兵船哨至苏州洋之羊山而与竹箔沙兵船相会。"[②]蒲门地区即位于浙闽交会之处，是海上巡防的关键之地，有效防止浙闽之间出现海上防线漏洞。由于浙江夏季多台风，所以浙江沿海的巡洋会哨集中在二至五月，"每值春汛，战船出海。初哨以二月，二哨以四月，三哨以五月。小阳汛亦慎防之，其南哨也，至镇下门、南麂、玉环、乌沙门等，山交于闽海，而止其北哨也，至洋山、马迹、滩浒、衢山等处交于直海而止"[③]。镇下门水寨南会福建烽火门、流江，北会江口港[④]，与浙闽交界处海面同福建海军会哨。

镇下门水寨"设总哨官一员，哨官一员，带领民捕舵兵二百四十四名，军队舵兵二百七十六名，大小战船二十只，泊官吞海洋"[⑤]。明弘治年间，因蒲壮二所船料缺额故废[⑥]，此后镇下关水寨仅留守旗兵，近海防御由北面的江口水寨军船代为执行，《筹海图编》有载："镇下门水寨……旧制战船二十艘，南会福建烽火门、流江，北会江口港巡哨，岁久撤备。今议将江口寨兵船于此往来，存留旗军防守，限于财匮，不堪复设舟师也。更宜添置，方为慎固。"[⑦]

嘉靖三十四年（1555），设金（乡）磐（石）备倭把总，驻金乡卫，以都指挥体统行事，专管水关，统辖水兵五支，船48只，兵1255名，游哨飞云江至镇下关一带海域。镇下门作为南北要隘，布置兵船，汛期屯泊官奥，守洋孙、大奥、竿

---

① （明）陈子龙：《明经世文编·卷之四百七十九·黄中丞疏》，中华书局，1962年。

② （明）郑若曾：《郑开阳杂著·卷一·万里海防图论》，成文出版社，1971年。

③ （明）郑若曾：《筹海图编·卷十二·经略二》，中华书局，2007年。

④ （清）严如煜：《洋防辑要·卷十四》，中华书局，2007。

⑤ （清）汪爟：《康熙温州府志·兵防志·明兵制》，清康熙刻本。

⑥ （清）李琬，齐召南：《乾隆温州府志·卷十三·关梁》，清同治刻本。

⑦ （明）郑若曾：《筹海图编·卷十二·经略二》，中华书局，2007年。

山、潼头一带。嘉靖三十七年（1558），"设名色把总，带领水陆官兵防汛"[①]。嘉靖三十八年（1559），设温州参将，统陆兵九总，其中后营把总兵1名，携领哨官4名、兵494名，驻扎蒲壮所及顶魁、下魁等地，专御下关沿海一带。隆庆年间（1567—1572），复置镇下门水寨，由名色把总领之。隆庆四年（1570），镇下关设总哨，泊官舲。[②]

镇下门水寨在整个海防体系内承担了沿海巡哨和海上作战的任务，也是防区内所有军船的停泊之处，是蒲壮所海防体系内仅次于所城的重要军事设施。

3.3.2   沿海预警设施——海防信息系统

由于古代缺乏便利的通信系统，海防战线上各个军事据点就需要建立便捷高效的信息传递渠道，实现预警和兵力调配。按照信息传递方式的不同，主要可以分为烽堠、墩台和驿递系统两类，形成一个有机连续的网状结构，影响着海防信息的获取、传递和响应等职能。

（1）烽堠、墩台

烽堠是古代海防最为重要的信息传递设施，《筹海图编》有言："自古守边，不过远斥堠，谨烽火。至于海中风帆，瞬息千里，烽堠尤为紧要"[③]。而墩台除了具备烽堠的基本功能外，还是千户所城专属的瞭望设施，因此其驻兵规模要大于一般烽堠。

蒲壮所海防体系内设置有水竹瞭望台、高垟瞭望台两处墩台，各驻兵30人左右，周边配备有烽火台、库房、瞭望台等设施，主要用于警戒瞭望，通过燃放烽火的形式向周边其他军事设施及时传递来自海上的军事信息。水竹瞭望台位于洋口岔一带，北侧与菖蒲洋寨城相连，既是区域布袋阵的组成部分，也是蒲海与流江两条水系口岸的警戒瞭望点。高垟瞭望台位于壮士所城南侧山体，是壮士所的前哨眼睛，主要为壮士所城及时提供海上倭寇信息；但由于区域地理环境的限制，大多时间该区域均云雾缭绕，高垟瞭望台实际可提供的海上倭寇信息十分有限。后来随着壮士所城的废弃，其也失去台的功能需求，逐步降低为烽堠，其驻守兵力也逐步减少至普通烽堠数量。

根据文献记载，明代蒲壮所海防体系内比较确定的烽堠有就出九处，蒲门所下辖

---

① （明）王叔杲：《玉介园存稿·温州卫所及海防官制说》，清同治孙锵鸣家抄本。

② （清）严如熤：《洋防辑要·卷十一》，中华书局，2007年。

③ （明）郑若曾：《筹海图编·卷十二下·慎斥堠》，中华书局，2007年。

的县中烽堠、四表烽堠、南堡烽堠、分水隘烽堠四处，壮士所下辖的雷岙烽堠、尖山烽堠、时家烽堠三处，高垟瞭望台、水竹瞭望台各一处烽堠。除此之外，根据现有烽堠遗存和其他海防设施分布特点推测，在菖蒲洋寨、程溪寨、龟峰巡检司、北关、镇下关以及上魁隘、下魁隘、城门隘还存有六处烽堠，也就是说，明廷在蒲门地区共设置有十余处烽堠，共同构成信令传递系统。

相邻烽堠的设置间距，均在烽烟的视线可及范围之内，各烽堠之间形成连贯的敌情预报体系。按《筹海图编》记载，烽堠间距根据地理环境和气候条件而设置，从三四里至十里之外不等。通常相邻烽火台之间距离不超过 4 千米（海岛由于地形受限除外），使区域军事信息在阴雨雾天等视线情况不好时也能得到良好传递。烽堠可以是单独的台体，也可能是数个台体的组合。考虑到南方潮湿多雨，有时烽火台上的柴草在报警时难以点燃等原因，因此在其周边通常会搭建有若干草屋，必要时可点燃草屋用以报警。按《筹海图编》记载，各烽堠配备守墩军房一间，草架三座，同时配有旗帜、小铳、大锣等信号发射系统[①]。

寨城、台、巡检司以及部分关隘通常配备烽火台或者与周边军事设施合用烽火台，这些烽堠和其所属的军事聚落通常有一定距离，但不会太远（通常 1 千米以内）。烽火台通常需要布置在地形高处，方便传递军事信号；而寨城、巡检司等属于士兵驻扎场地，通常更贴近周边险要场所、海口、有利构筑防御工事的区域等，因此彼此之间有一定的距离。

除海防前沿、孤悬海外的北关烽堠外，其余各个烽堠之间最远距离不超过 3.8 千米，最小距离为 1.5 千米，平均间距为不足 3 千米。北关烽堠是蒲壮所城最前沿的烽堠，由于海岛因素，其与相近的程溪寨烽堠和镇下门水寨烽堠间距分别为 4.1 千米和 4.8 千米。分水隘烽堠与水竹瞭望台距离较近，仅 1.5 千米，两处军事设施部分功能重叠，这也是蒲壮所合并后对分水隘堠进行裁撤的主要原因。

蒲壮所的烽堠可分为三条通道进行传递，沿东海岸线传递路线由最北侧的时家烽堠（往北与金乡卫的烽堠建立联系）—雷岙烽堠—高垟瞭望台—龟峰巡检司烽堠—尖山烽堠—程溪寨烽堠—北关烽堠组成；蒲海东岸线传递路线由最北侧的龟峰巡检司烽堠—四表烽堠—镇下门水寨烽堠—县中烽堠组成，其中四表烽堠离蒲壮所城最近，为 3.2 千米；蒲海西岸线传递路线由最南侧的分水隘烽堠—水竹瞭望台—菖蒲洋寨烽堠—南堡烽堠组成，其中南堡烽堠离蒲壮所城最近，为 2.2 千米（图 3-8）。

---

① （明）郑若曾：《筹海图编·卷十二下·慎斥堠》，中华书局，2007 年。

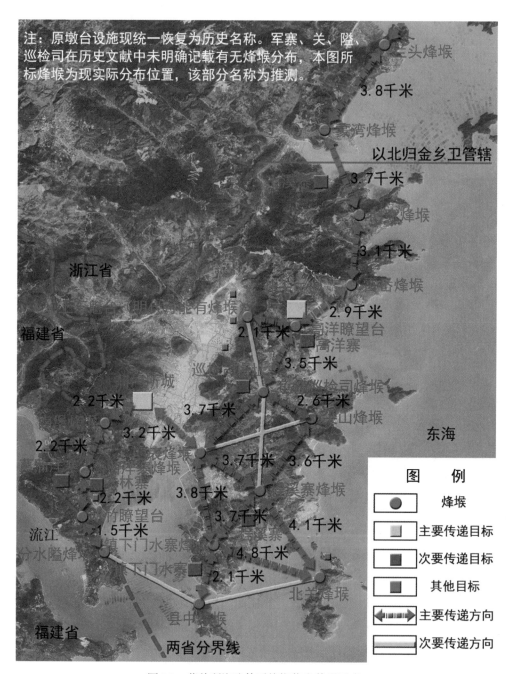

注：原墩台设施现统一恢复为历史名称。军寨、关、隘、巡检司在历史文献中未明确记载有无烽堠分布，本图所标烽堠为现实际分布位置，该部分名称为推测。

图3-8 蒲壮所海防体系烽堠信息传递示意

（2）驿递

驿递是我国古代由官方设置和管理的通信与交通设施，源起可追溯至商周时期，秦汉以后历代均有发展，但在元代取得了较大的进步，明代承继其后，再次确认了驿递"递送使客、飞传军务、转运军需等物"的主要任务，建立起国内四通八达的驿递系统。由此可见，位于沿海地区的驿站也是一定区域内海防体系的组成部分，承担信息和物资传递的任务。

平阳地处浙闽交界，每十里设一铺，每铺设铺司兵二名，更番传递；又设铺长房，记时日号数。据弘治《温州府志》记载：平阳县共设三十一铺，县设总铺，"自县至福宁州十二铺，北至瑞安三铺，仙口至蒲门所十八铺，城内外巡警另十铺"[①]，蒲门地区的驿铺即处于平阳县西门向南至福鼎县界的驿道上。蒲壮所海防体系涵盖的地理空间大约为平阳县的五十二至五十五都，根据隆庆《平阳县志》："七溪铺、黄禅铺、壮士铺、蒲门铺，俱在五十三都，龟峰铺在五十五都"[②]，明代驿铺大多依靠重要的聚落而设，根据名称可推断七溪铺在今赤溪镇附近，壮士铺在壮士所城，蒲门铺在蒲门所城，龟峰铺在龟峰巡检司，上级传达的军事信息和命令通过驿铺经平阳县传递到蒲门所、壮士所。

3.3.3　陆上守备设施

（1）千户所城

千户所城是蒲壮所海防体系中最核心的军事设施，通常选址于沿海地区至府城、县城等区域行政中心的交通要道上，战略地位重要，同时所城一般具有由城墙、城门、瓮城、护城河构成的完整的城防系统，防御性要远高于其他的军事设施。蒲壮所海防体系与其他基层海防体系完全不同的一点是由蒲门所、壮士所二所共同领导，虽然在正统以后二所共用一城，但在明初近百年的时间内，始终以蒲门所城和壮士所城两处城池作为据点，发挥重要的守御作用。

蒲壮所城

蒲壮所城的前身蒲门所城是蒲门所最核心的军事防御设施，其管辖的海岸线南起流江（浙闽分界线），北至宫后北侧海岸，是以蒲海为核心的防守区域。该段海岸线虽

---

① （明）王瓒，蔡芳：《弘治温州府志·卷二·邮传》，上海社会科学院出版社，2006年。

② （明）朱东光，侯一元：《隆庆平阳县志》，成文出版社，1983年。

然长度不长，但分布于马站平原，这种山形地貌对军事防守非常有利。

马站平原所处的蒲海开口是蒲门所重点防御的区域，蒲门所城自然就设置于此处。蒲海开口空旷要害处设置蒲门所城，驻扎一千多名守军，倭寇一旦登岸，所城军队出击，后有城池可恃，便于歼敌；入所城内防守，有城池作为屏障，敌人难以攻破；敌人绕过所城侵入内地，则有后顾之忧。同时蒲门所城与周边其他卫、所、寨、堡相互支援，互为犄角，连成一气，形成沿海整体军事防线。

蒲壮所城平面呈北圆南方的形态，城内街巷以奠基石为中心，向东、西、南、北四个方向延伸，连接三处瓮城及北面龙山，形成"十"字形的主要街巷格局。城内布置有大量的军事管理设施和公共建筑。南北向的主街北端、龙山南麓设置城隍庙，供奉一城之神，体现了明代城隍信仰达到鼎盛的现象。城东东门街北侧、五福巷南侧设置千户所署，作为古城的军事行政中心。古城东南角设置文昌阁，是所城重要的祭祀场所。发祥巷一带为所城内的主要行刑场所。蒲门所军营位于古城西南第四巷一带，设置有营房总计1000多间。壮士所军营设置于今后英庙一带，营房总计953间，营寨五。在古城西南角设军需备用库，是原千户所的后勤保障设施用地，具体是两所共用还是归于一所使用情况不详。其中马房巷是所城马厩所在地；铁械局巷是所城制作兵器的场所；社仓巷是所城原社仓所在地，是所城内储备军粮的仓储，有廒15间，收支蒲门所俸粮，设粮厅驻守。

由于所城守兵大多是移民而来，带有各地的信仰，城内普通祭祀建筑的设置具有很强的独特性和多样性。所城内具有较多的祭祀建筑，如祭祀城隍的城隍庙，祭祀水神的东晏公庙、西晏公殿、妈祖庙、五显庙，祭祀文昌帝君的文昌阁，祭祀地方神的土地庙、后英庙，其他还有西竺寺、东林寺等。祭祀建筑、寺庙除集中分布在龙山山脚外，其余主要分布于古城入口以及转角处。

明代卫所制实行军户制和屯田制，军士在营，分成守备和屯田两部分，按时轮流。屯田固定上交粮食，以供给守备军及官吏，其目标在于养兵而不耗国家财力。因此，所城外围原分布有大量屯田。因此城外分布有大量的屯田，以实现"军屯一体"。另据隆庆《平阳县志》记载，东门外还布置有演武场，周围二百六十丈[①]（图3-9）。

明代中期，壮士所官兵进驻蒲门所城，为延续壮士所东侧防守的战略地位，因此将城东用地划归壮士所官兵使用，城西用地划归蒲门所官兵使用。两所共用一城导致城内各类行政、军事、宗教设施均按照两套来配置，城门、垛口也分工防守，"蒲门所与壮士所同城，坐平阳县五十五都，城池周围五里三十步，蒲门所分守西南边一半垛

---

① （明）朱东光，侯一元：《隆庆平阳县志》，成文出版社，1983年。

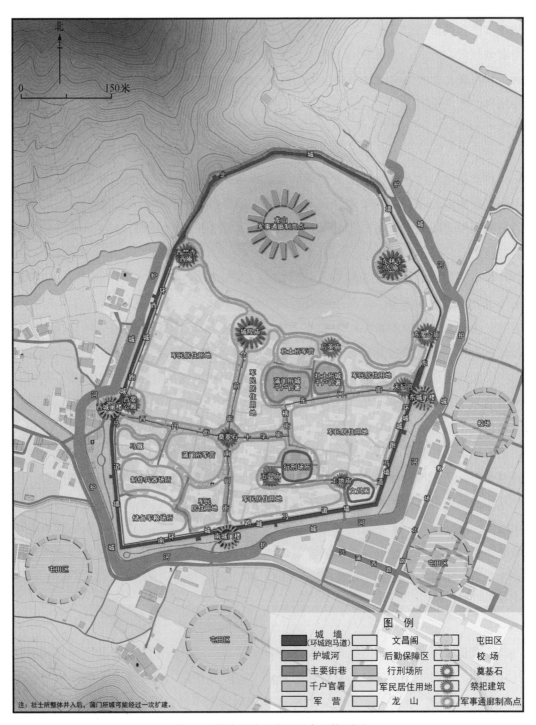

图3-9　蒲壮所城原有用地布局推测图

（图片来源：浙江大学建筑设计研究院有限公司《蒲壮所城保护规划》）

口三百八十五个，城门三处，壮士所分守东北边一半，垛口三百二十六个，城门二处，敌台六座，窝铺三十二座"[①]。东庵、西庵以及东晏公庙、西晏公殿的设置，均与城内两套政权并立有关。壮士所迁入后，原千户所署也进行了适当扩建，东侧区域为壮士所千户官署，西侧为蒲门所千户官署。根据现存城池分析，不排除壮士所官兵入驻后，所城有过大规模扩建。

壮士所城

壮士所城是壮士所早期的主要军事防御设施，其选址体现了明代早期卫所布防对于距离控制的要求，是方鸣谦"量地远近置卫所"战略思想的体现。蒲门所城与邻近的金乡卫城之间的海岸线长达40千米，按明代早期卫所设置原则，其中间必须设置一处卫所。

壮士所管辖的海岸线自宫后北侧海岸往北至赤溪港，长15千米，沿海均为山体，期间分布有宫后、渔寮、月亮湾三处岙口。壮士所城最终设置于月亮湾岙口，是一处天然良港，对于所城的水路布防和部队休整都非常有利。但壮士所城三面环山，一面朝海，处于一个狭窄的山谷地带，这种地理环境结构造就了壮士所城易攻难守的局面。首先，四周山体离所城距离较近，并且山体高度较高，容易被倭寇登山居高临下窥视城内的军事布防和军事调动。其次，所城与海岸之间空间局促，虽然周边有烽火台用以通报海上信息，但仅300米的缓冲空间，自倭寇登陆仅1—2分钟就可兵临城下；如此短的距离，使每次战争均处于匆忙迎战状态，士兵伤亡较大。第三，由于狭窄的山谷地带造就了区域特殊的小气候特点，山谷内雾气极不容易散去，且长时间滞留，因此壮士所城又有雾城的别名，不利于周边烽火台与所城军事信息的传递，容易造成倭寇已经登陆而城内仍未察觉的现象。综合其地理环境和气候特点，壮士所城作为卫所城池本身的防御性比较低，自洪武建城以来屡遭倭寇入侵，至正统年间城池被倭寇用火攻攻陷，壮士所迁至蒲门所城办公。到明中期，正式与蒲门所合并。

（2）寨城

寨城是于卫城、所城中间地带设立的军事聚落，对以卫所为核心的沿海防线起到补充作用。寨由于规模较小，设置相对自由，一般设立在山口险要处，因此它是整个沿海防御体系的"神经末梢"，能在第一时间里对海上军情做出敏捷反应，以弥补卫所因地理距离而反应迟缓的不足。

---

① （明）蔡逢时：《温处海防图略·卷一》，明万历澄清堂刻本。

　　寨城分为两种，一种属于卫所体系，归千户所管辖，卫所军官出任守寨官，卫所的旗军充当守寨军，有菖蒲洋寨、程溪寨两处；另一种是明代中后期"大倭寇"出现后，地方政府配备的寨城，其目的是进一步加强区域的整体防御能力，主要有七溪寨、木林寨、高洋寨三处。

　　寨城长宽百米，占地 1—2 公顷，略呈正方形。通常驻兵 100—200 人。蒲门所下属的程溪寨、菖蒲洋寨分别布防在蒲海的东、西两侧，与蒲门所城成掎角之势，其功能上是蒲门所城的辅城，目的是构筑蒲海区域整体的布袋阵防御体系。后期地方政府在蒲海西侧区域增筑木林寨和木林隘，以进一步加强布袋阵防御功能（图 3-10）。

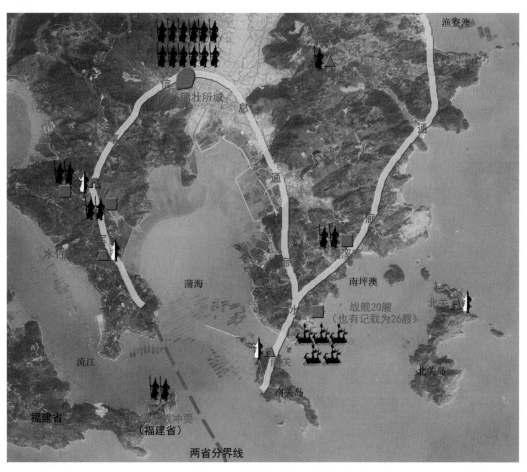

图 3-10　蒲海布袋阵布局图

　　程溪寨位于现新林村，其东侧为南坪澳，寨前为南坪澳至蒲门所城的交通要道，寨南为镇下门水寨所在地以及流江。《筹海图编》载：程溪寨"南至海，西抵镇下门水寨，蒲门之要区也"①。程溪寨主要为蒲壮所城和镇下门水寨的协防辅城，作为当时水路、陆路和巡哨的附设机构，战略地位较为重要。自南坪澳一带登陆进入温州腹地的倭寇必将经过程溪寨，因此在此进行设防，可对倭寇进行有效打击。其次，程溪寨临近水军基地——镇下门水寨，二者直线距离约3千米，是镇下门水寨的陆上协防军事设施。镇下门水寨作为温州五大水寨之一，其海上巡哨作战能力强大，但其陆上防御能力有限。程溪寨的设立可以避免倭寇从背后偷袭镇下门水寨，同时一旦水寨受到正面攻击，可快速有效赶赴目的地进行营救，保障海上防护线的安全。

菖蒲洋寨位于白蓬岭村的菖蒲垟一带，《浙江通志》记载，"在所东，海滨有菖蒲隘，三里即流江"②，主要负责防御附近的浙闽古道，是流江北岸的军事设施，也是兵船往来巡哨、休整的场所。木林寨邻近菖蒲洋寨，位于白蓬岭村的城坎城一带，主要防御该处的浙闽古道，协防菖蒲洋寨。自流江口开始，江道正中设置有镇下门水寨、南镇把截冲要（福建省海防）进行海上防御，岸线上则有程溪寨和南关进行协防。过南关岛设置有水竹瞭望台、菖蒲洋寨、木林寨、木林隘等设施，可以根除借流江溯源而上的倭寇。

进入流江流域的倭寇通常会往北选择蒲海作为登陆岸线，因此蒲海的防御布局就显得尤为重要。蒲海北侧是重兵把守的蒲门所城，东侧是程溪寨，西侧是菖蒲洋寨，形成了三角形的重兵布防体系。然后通过关、隘、台、水寨的设立，构筑整体的蒲海布袋阵结构。而执行袋口海上巡逻任务的，正是镇下门水寨的20多艘战舰。蒲海布袋阵布局为镇下门水寨—程溪寨（3千米）—蒲壮所城（6千米）—菖蒲洋寨（4千米）、木林寨、木林隘与水竹瞭望台联防—南镇把截冲要（6千米）—镇下门水寨（4千米），海岛上的辅助设施有南关、北关（表3-1）。

表3-1　蒲海布袋阵兵力分布推测表

位置	名称	驻兵数量	备注
左袋口	镇下门水寨	-	战船20多艘，海战实力强劲
左袋中	程溪寨	旗军100—200人	-
袋底	蒲门所城	早期旗军1232人，其余大部分时间旗军2464人	陆战实力强劲
右袋中下	菖蒲洋寨	旗军100—200人	-
右袋中	木林隘	兵力50人	-
右袋中	木林寨	兵力100人	-

① （明）郑若曾：《筹海图编·卷五·浙江事宜》，中华书局，2007年。
② （清）嵇曾筠：《雍正浙江通志·卷九十八》，四库全书本。

位置	名称	驻兵数量	备注
右袋中上	水竹瞭望台	旗军30人	-
右袋口	南镇把截冲要	旗军300余人	战船10余艘，属于福建管辖
海上辅助设施	南关	兵力50人	-
	北关	兵力50人	-

历史上多次战争证实，蒲海是蒲壮所防区绝佳的布袋阵防守区域，倭寇一旦进入该区域，就呈瓮中捉鳖之势。而布袋阵中的蒲壮所城、南镇把截冲要、镇下门水寨均为重兵把守区域，倭寇难以突破。

高洋寨设置于渔寮村一带，随着壮士所城的裁撤以及高垟台降为普通烽堠，蒲壮所东线沿海军事力量薄弱；高洋寨的设置主要是加强蒲壮所东线军事力量，减轻内侧防线的压力，基本恢复原壮士所军事力量布局体系。

根据《筹海图编》，七溪寨位于赤溪澳内，与今白湾堡的位置基本重合，它位于整个蒲壮所防区的最北端，负责赤溪湾的防守，以加强防区北侧军事力量。

（3）巡检司

按照巡检司所处位置和工作重心的差异，大致可以分为内陆巡检司、沿江巡检司、沿海巡检司。内陆巡检司设置在非沿江河湖泊及沿海区域，武装力量一般为二三十人左右的弓兵，主要负责控御基层乡村社会，缉捕盗贼，维持治安，是府、州、县等地方行政机构的补充。沿江巡检司则大多置于江河湖泊附近的关津要害，主要负责缉捕江上私盐人犯及流寇盗贼等，抵御倭寇沿江或者沿湖沿袭内地，设弓兵一百名①。沿海巡检司多沿海岸线或海岛分布，隶属于卫，布置在卫所之间的防线薄弱处，卫之隙置所，所之隙置巡检司，"莫不因山堑谷、崇其垣堢，陈列士兵，以御非常"②，洪武年间即规定："缘海卫所，戍兵以防倭寇……置巡检司……分隶诸卫，以为防御"③，开始在卫所周边设置大量巡检司，隶属卫管辖。明中期以后，随着巡检司驻地的战略意义逐渐提高，东南沿海地区的巡检司除了衙署机构之外，还会在墙垣公厅外围配置防御工事，甚至专门建有巡检司城，下设堡磡或者配以烽堠，与沿海卫所共同筑就严密的海防体系。

---

① （明）朱昱：《成化重修毗陵志·卷十六》，明成化十九年刻本。

② 《大明律·附录兵令》，法律出版社，1999年。

③ 《明太祖实录·卷一百八十一·洪武二十年夏四月戊子》，上海书店出版社，1982年。

龟峰巡检司位于壮士所城至蒲门所城的交通要冲上，战略地位重要，虽然其隶属金乡卫管辖，但从海防地理的角度看它也是蒲壮所海防体系的重要组成部分。龟峰巡检司设立于明宣德年间，前身为设立于明洪武二十六年（1393）的井门巡检司。明代嘉靖末年，龟峰巡检司换防至小濩，而原龟峰巡检司城则降为龟峰隘。在壮士所城被废弃不再启用后，龟峰巡检司在一定程度上替代了原壮士所城的功能，有效缓解东侧防线的压力。

除此之外，在蒲海西侧还设有大隔巡检司，作为流江北岸、蒲壮所西南方向的防御补充。

（4）关隘

根据《筹海图编》和《全浙兵制考》的相关地图，蒲壮所防区范围内前后有上魁隘、下魁隘、城门隘、木林隘、团军隘、龟峰隘等关隘。木林隘主要是为了进一步加强蒲海布袋阵功能而设置。上魁隘、下魁隘、城门隘三隘呈一线布置，同由龟峰巡检司演变而来的龟峰隘共同加强蒲门所城东侧防线的军事部署；随着明代中早期壮士所城被废弃，蒲门所城东侧沿海防线延长为原来的两倍，防守压力陡增；在中央政府迟迟不恢复壮士所城原防御体系的情况下，增设三处关隘加上山顶的龟峰隘可以形成数百名士兵的防守强度，有效减轻了蒲门所城东线的防守压力；明代晚期，地方政府更是增补设置高洋寨，使壮士所城裁撤后形成的防守空位得到彻底的补充。团军隘位于壮士所城周边，具体位置不详。

蒲壮所防区内还设有南关、北关、镇下关等三处水关。明洪武二年，于浙江大陆最南端设镇下关，派兵驻守。南关、北关则主要布防于南关岛上和北关岛上，同镇下关形成掎角之势，称"三山镇港"，以保障港口安全，形成浙江最南端的海上防御格局。

（5）民堡

除官方设立的卫所城军事设施以及地方政府配备的巡检司、关、隘等军事力量外，民间也通常设立义军、建设民堡以抗击倭寇，是明代蒲壮所抗击倭寇重要的民间补充力量。民堡的建设以浙江防区最为典型，尤其以经济发达、位于浙闽交界处而倭患严重的温州地区规模最大，据隆庆《平阳县志》记载，"嘉靖甲辰，连年倭寇，沿海居民危甚，于是上司许筑民堡"[①]，嘉靖年间平阳县为了御倭大规模地修筑民堡，县志中记

---

① （明）朱东光，侯一元：《隆庆平阳县志》，成文出版社，1983年。

载的有余洋堡、前仓堡、宋埠堡、仙口堡、蔡家山堡、东魁堡、肥艚堡、龟峰堡 8 处。根据现有的实物遗存和文献考证，蒲壮所管辖范围内有两处民堡，一为城门朱堡，依托城门隘发展而来，是马站平原北端有效兵力补充；二是白湾堡，根据近年来的考古发掘，其前身可能是七溪寨（地方军寨城）。

白湾堡东临赤溪湾，三面环山，地处海滨丘陵谷地，周边山峰海拔均在 350 米左右，地势西北高东南低。据当地《董氏宗谱》记载，清代康熙年间展界后，迁移此地的董、吴两姓先祖，见此地比较空旷，然丛林一片，密不可入，于是放火烧林。火过后，却发现里面有一座空堡。于是两姓先祖以南北向主干道为界，西侧归董氏居住，东侧归吴氏居住。白湾堡也确如董氏宗谱记载一样，其在明代或者明代之前古文献中无明确记载，但比对历史资料，白湾堡有可能为明代万历三十年（1602）编制的《全浙海图》中的七溪寨（地方军设置），其始建年代可能为明代晚期。

城门朱堡位于马站平原北部，顶魁山脚下的城门村。城门朱堡建于明代嘉靖三十四年（1555）之后，为壮士所城百户朱印后人朱宗泰所建，系朱氏家族于明代中后期为抵御倭寇和海盗侵犯而自发建设的城堡，其也是对周边上魁隘、下魁隘、城门隘三隘军事力量的有效补充，但可惜由于当时财力问题，古堡并未修建完毕。

3.4　兵力布防

防区内的兵力布防与各类军事设施的等级和空间位置密不可分，总体来说可以分为陆上兵力和水上兵力两个部分。陆路以卫所城池为核心，是兵力最为集中的地方；其次为寨、巡检司和关隘一类，一般为百余名士兵；剩余的则是处于墩台、烽堠处负责侦查和传递信息的士兵。水路兵力以卫所水军、水寨官军为核心，连同海上的游兵、巡哨官兵共同设防，同时各类战船配置也是水路兵力的重要组成部分，极大影响防区水上作战能力。

3.4.1　陆上兵力

卫所是陆上兵力的主要来源。明代对卫所的军额有明确的规定，《明史》记载："大率五千六百人为卫，千一百二十人为千户所，百十有二人为百户所，所设总旗二，小旗十，大小联比成军。"[①]具体到每一个卫所，则在此基础上略有差异。这些

---

① （清）张廷玉：《明史·卷九十·兵二》，中华书局，1974 年。

军士可以分成守备和屯田两部分，屯田固定上交粮食，以供给守备军及官吏，力求实现以卫所为单位的军粮自足。屯戍比例根据时间和卫所区位的不同有所差异，明初"边地，三分守城，七分屯种；内地，二分守城，八分屯种"①，洪武二十五年二月为"十之七屯种，十之三城守"，大致为屯七守三，"临兵险要，守多于屯"②，浙江沿海卫所，当属"临边险要者"，故屯军人数要少于守城军士，一般为屯三戍七，或屯四戍六。

根据文献记载，蒲门所、壮士所各有旗军一千二百三十二名，两所规模相当，官兵数量略多于《明史》中的定额。这些旗军大部分负责守卫所城，小部分负责所下辖的寨、台、烽堠的防卫，一般来说，寨、台驻兵百余人，烽堠驻兵五人左右，另有一部分作为地方水军出海巡防。

除了正式旗军外，明中期以后卫所还负责管理大量的附籍军余，即未取得正式军籍的军人。州县田地与卫所屯田，官方归属权泾渭分明，但州县民众可以承种屯地，卫所军余也可购买州县官民田地。明代中期以后，军余购买官民田地者甚众，明朝规定，军余购地之家，一人附籍纳粮，其余在卫所当差③。按"其金乡卫、蒲、壮二所……田与屯种军田杂处，国初以来军承军种，固其粮差于有司不便"④，蒲门所、壮士所的附籍军余，不归县而归千户所管理。

同时，《明史》中也有关于卫所管理机构编制的要求："千户所，正千户一人，正五品；副千户二人，从五品；镇抚二人，从六品，其属吏目一人。所辖百户所凡十，共百户十人，正六品。升授、改调、增置无定员。总旗二十人，小旗百人。其守御千户所、军民千户所设官并同。凡千户，一人掌印，一人佥书，曰管军。千户、百户，有试，有实授。其掌印，恒以一人兼数印。"⑤据地方志记载，蒲门所有千户等官十四员，壮士所有千户等官十五员，并记录了部分职官姓名（表3-2）。

---

①（清）张廷玉：《明史·卷七十七·食货一》，中华书局，1974年。

②《明太祖实录·卷二百一十六·洪武二十五年六月庚辰》，上海书店出版社，1982年。

③ 于志嘉：《论明代的附籍军户与军户分户》//《顾诚先生纪念暨明清史研究文集》，中州古籍出版社，2005年，第80—104页。

④（明）刘畿，朱绰：《嘉靖瑞安县志·卷一·附知县刘畿立镇议略节》，影印明嘉靖刻本。

⑤（清）张廷玉：《明史·卷五十二·职官五》，中华书局，1974年。

表3-2 蒲门、壮士二所各时期部分可考职官统计表①

所	职官	任职时间								
		洪武间					弘治间	嘉靖间	万历间	
蒲门千户所	千户	夏积	夏文					夏恩	夏宪武	
							周权			
	百户						赵寿			
			盛福							
			赵成							
			卜兴						卜吉	
			韩仙						韩世勋	
			刘遇官						刘恩	
			裴成						裴寿松	
			陈敬辰						陈愬	
			王享							
壮士千户所	千户	王山升	王俊		王昱	王璘	王镒			
			刘聚				刘瑛	刘深		
								夏恩		
	副千户						耿奎	耿**		
								周勋		
			马顺					马源	马文显	马凤涯
	镇抚		芮观七						芮日	
	百户		朱印	朱信	朱英	朱顼	朱勇		朱光显	
							史受			
							刘清	刘*		
							李宁			
								张熊		
			韩原						韩世光	
			齐祯							
			王三						王勇武	

巡检司是卫的下属机构，裁撤相对自由，没有明确规定军额，一般设有巡检一名，司吏一名②，下辖弓兵三十、五十、一百名不等。明洪武二十六年（1393）置龟峰巡检

---

① 根据《民国平阳县志·卷二十五·职官志四》整理。

② （明）朱昱：《成化重修毗陵志·卷十·职官》，明成化十九年刻本。

司，设巡检司城，置弓兵100人，属于规模较大的巡检司，一方面是因为处于壮士所和蒲门所之间，地理位置重要；另一方面是因为其建有巡检司城，弓兵除"盘诘往来奸细及贩卖私盐犯人、逃军、逃囚、无引面生可疑之人"①外，还需负责司城守卫。

明代晚期，由于逃亡、病故或其他原因，卫所旗军在编人数减少，蒲门所和壮士所也不例外。按照《温处海防图略》记载，至万历二十四年（1596），蒲门所仅余"食粮各差旗军贰百玖拾名，额外余丁抽拨海团操备等差贰百伍拾名"②，壮士所仅余"食粮各差旗军贰百壹拾壹名，额外余丁三十一名"③，不到额定人数的一半，其他如巡检司、寨、台等都情况类似。

3.4.2　水上兵力

水上兵力包括两个部分：一是中央和地方实施巡海的水军，不定期出现在蒲壮所防区的海面上；二是驻扎在水寨的水军，是地方海上和近海防御的主要兵力来源。这些水军依靠各类军船出海巡哨、作战，从这个角度看，水上兵力是由水军和战船共同构成的，二者不可分割。

明朝没有规定卫所、巡检司的水军定额，其数量一般与战船类型和数量相匹配。按正德《明会典》记载："沿海卫所每千户所设备倭船十只，每一百户船一只，每卫五所，共船五十只，每船旗军一百名，春夏出哨，秋冬回守。"④但也有说每百人配置战船二艘的，如《太祖实录》说："诏滨海卫所每百户置船二艘，巡逻海上盗贼，巡检司亦如之。"⑤《明史》也说："滨海卫所每百户及巡检司皆置船二，巡海上盗贼。"⑥较之《明会典》所说要多一倍。出现差异的原因，可能是因为早晚期的制度不同。

根据各卫所对军船实际数量的统计，平均下来，大致为每百户一只，千户所则有10只左右。根据明弘治《温州府志》，温州卫所属海安千户所十六只，瑞安千户所十九只，平阳千户所十一只；金乡卫二十三只，蒲门千户所九只，沙园千户所十八只；盘石卫大小战船四十一只，后千户所十一只，蒲岐千户所十六只，宁村千户所十七只⑦。

① （明）翟善：《诸司职掌・兵部・职方部》，南京出版社，2016年。

② （明）蔡逢时：《温处海防图略・卷一》，明万历澄清堂刻本。

③ （明）蔡逢时：《温处海防图略・卷一》，明万历澄清堂刻本。

④ 《明会典・卷一百六十・工部》，中华书局，1989年。

⑤ 《明太祖实录・卷二百零一・洪武二十三年四月丁酉》，上海书店出版社，1982年。

⑥ （清）张廷玉：《明史・卷九十一・兵三》，中华书局，1974年。

⑦ （明）王瓒，蔡芳：《弘治温州府志・卷九・兵卫》，上海社会科学院出版社，2006年。

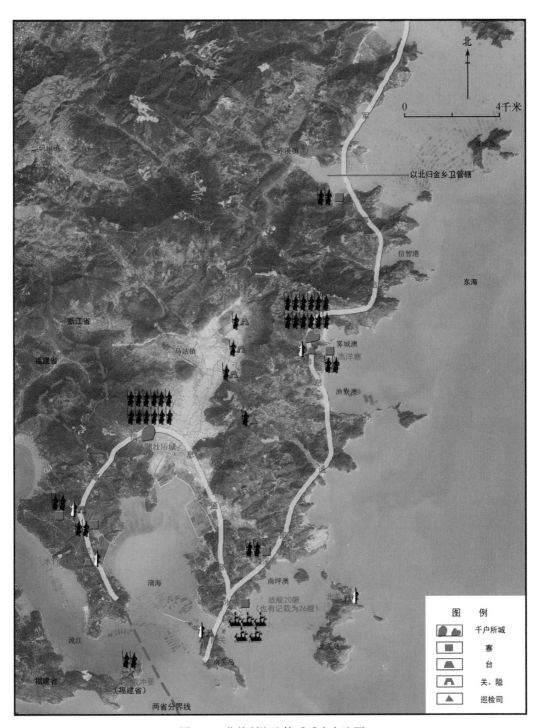

图 3-11　蒲壮所海防体系兵力布防图

与其他千户所相比，蒲门所的军船配置最少，究其原因，一方面是由于蒲门所距离平阳县城、温州府城的距离相对较远，另一方面是蒲门所以南配备有镇下关水寨，专门负责这一片区的海上防卫。

龟峰巡检司的规模与百户所相当，按《太祖实录》："诏滨海卫所每百户置船二艘……巡检司亦如是"，推测配置军船两艘左右，船型多为较小的哨船。据弘治《温州府志》记载，温州府下辖卫所军船都集中停泊在水寨，推测蒲壮所、龟峰巡检司的备倭船只均就近停靠在镇下门水寨，并由此出海。

明初，镇下门水寨"设总哨官一员，哨官一员，带领民捕舵兵二百四十四名，军队舵兵二百七十六名，大小战船二十只，泊官岙海洋"[①]。军船经历海上风浪，极易损坏，至正统年间，能够使用的军船数量已大大减少。弘治年间，镇下门水寨因蒲壮二所船料缺额故废[②]，此后仅留守旗兵，近海防御由北面的江口水寨军船代为执行。可见明代早期镇下关水寨的战船数量应当包括了隶属卫所的战船，即蒲壮所防区的战船总数应在二十只左右，主要由大型战船和小型哨船构成。

明嘉靖二年（1523），为加强蒲门外围防御能力，增设南关、北关、镇下关三个关卡，派兵驻守。这一时期朝廷为了增强海防兵力，实行募兵制，大规模地扩大水军和战舰配置。明嘉靖三十三年（1554），复设"镇下关水寨"，设有总哨官一名，部领哨官一名，配有大小战船十七艘，其中福船一艘，草撇船二艘，铁船三艘，渔哨船五艘，号船四艘，划船二艘。下辖民捕舵兵一百八十二名，军兵二百五十四名，共计士兵四百三十六名。此后士兵、战船数量亦有增加，至万历三十年已有战船二十六艘，按《两浙海防续考类编》记载："镇下关极冲，乃浙福海洋交界，贼船往来南北必经于此。今派总哨官一员，部领兵船二十六只哨御。南与福建烽火关，北与江口关，东与金盘总右哨各兵船会哨。"[③]

① （清）汪爌：《康熙温州府志·兵防志·明兵制》，清康熙刻本。

② （清）李琬，齐召南：《乾隆温州府志·卷十三·关梁》，清同治刻本。

③ （明）范涞：《两浙海防类考续编》，成文出版社，1983年。

第4章 明代蒲壮所海防体系保存现状

蒲壮所海防体系既包括卫所制度下设立的蒲门所、壮士所两座城池及寨、台、烽堠、墩台等附属设施，也包括巡检司制度和巡洋会哨制度下产生的巡检司、关隘等地方军事设施补充，此外民间力量也积极参与到海防建设中来，形成一个军民一体、相互关联的体系（表4-1）。从海防遗存的类别上看，蒲壮所海防体系整体保存完整，所城、寨城、巡检司城、关隘、墩台、烽堠、民堡等各类设施皆有保存，大多已被列为各级文物保护单位和文保点（图4-1）。

表4-1　蒲壮所海防体系清单

归属		类别	名称	备注
蒲壮所海防体系	蒲门所	所城	蒲壮所城	全国重点文物保护单位
		寨	菖蒲洋寨	文保点
			程溪寨	文保点
		台	水竹瞭望台	-
		烽堠	县中烽堠	文保点
			四表烽堠	文保点
			南堡烽堠	文保点
			分水隘烽堠	壮士所并入蒲门所后，分水隘烽堠裁撤，今已不存
	壮士所	所城	壮士所城	全国重点文物保护单位
		台	高垟瞭望台	全国重点文物保护单位
		烽堠	雷峇烽堠	全国重点文物保护单位
			尖山烽堠	全国重点文物保护单位
			时家烽堠	全国重点文物保护单位
	地方军事配备	巡检司	龟峰巡检司（早期在今三墩洲村，归蒲壮所管辖。后调防至小濩，归金乡卫管辖）	三墩洲处为全国重点文物保护单位，小濩处现为文保点
			大隔巡检司	文保点
		寨	七溪寨	后改为白湾堡
			木林寨	-
			高洋寨	-
			镇下门水寨	-

续表

归属		类别	名称	备注
蒲壮所海防体系	地方军事配备	隘	上魁隘、下魁隘、城门隘、木林隘、龟峰隘、团军隘	明代嘉靖晚期，龟峰巡检司移驻，原城降为龟峰隘
		关	南关、北关、镇下关	-
		烽堠	莒蒲洋寨烽堠	-
			程溪寨烽堠	文保点
			龟峰巡检司烽堠	文保点
			北关烽堠	文保点
			镇下门水寨烽堠	文保点
			上魁隘、下魁隘、城门隘烽堠	-
	民间力量	民堡	白湾堡	全国重点文物保护单位
			城门朱堡	文保点

　　1989年，蒲壮所城被公布为浙江省文物保护单位。1996年11月20日，蒲壮所城被公布为第四批全国重点文物保护单位。2006年5月25日，壮士所城、白湾堡和巡检司遗址被公布为第六批全国重点文物保护单位，并入蒲壮所城文物保护项目。

　　近年来，蒲壮所城也进行了多次修缮和环境整治，对各类遗产实施有效保护。1985—1987年，对蒲壮所城的陈后英庙墓以及东城墙局部进行修缮；1990年，对蒲门所城西城墙局部和护城河、南门吊桥进行修缮；1998年，对蒲门所城东城墙和南城墙局部进行修缮；2000年，对蒲壮所城护城河进行疏浚，对壮士所城城隍庙进行修缮；2001年，对蒲壮所城的局部西城墙进行维修，修复白湾堡拱券门；2003年至今，陆续对蒲壮所城的南城墙、城隍庙、北城墙、东瓮城、九间房、东城墙敌台、郭宅、金宅（金东故居）等进行维修，对壮士所城的东城墙、护城河进行维修，对白湾堡城墙、董氏民居、白湾宫、北城门等进行维修。

4.1　蒲壮所城

4.1.1　总体布局

　　蒲门所属于关隘型卫所，背靠山坡而建，城池坐落在平原上，视野开阔，能够及时观测敌情，背山面水的布局也符合中国传统的堪舆学说。所城建设之初以扼守蒲海和马站平原为其主要功能，因此选址于马站平原靠山面海的区域是最理想的位置，其中以蒲壮所城和中墩、岭尾村一带所处的左右岙口位置最为理想。根据蒲门《夏氏宗

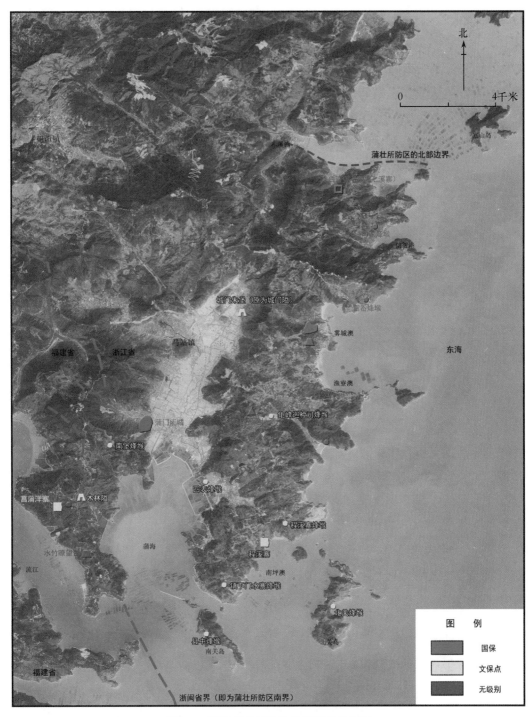

图4-1 明代蒲壮所海防体系遗产分布图

谱》记载，武德将军夏积在最终定位所城时，主要考虑以下几点原因：一是现所城所处位置山岙纵深较大，拥有较大的缓冲空间，能战能退，进退自如；二是龙山为独立山体，可以围入城内，以此作为城内军事信息通廊的高点；三是现所城靠山近海，前方视野开阔，有利于观察海上敌情，又易于与其他堡寨建立联系，便于海上运输物资及渔民海上作业；四是现所城周边平原较多，有利于屯田和操练；五是蒲壮所城整体格局负阴抱阳，处于山水环绕之中，是天然的吉祥之地。可以看出，蒲壮所城的选址、建城也受到了中国传统"阴阳"思想的影响，蒲壮所城的城墙自乾位至艮位（据后天八卦）（图4-2）顺龙山山势而筑，因而呈圆弧形，象征"天圆"，坤位至巽位因坐平陆，故成方角，象征"地方"，是"天圆地方"在二维平面中的体现[①]（图4-3）。

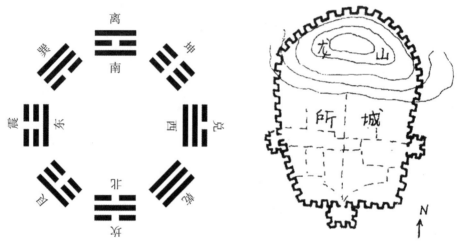

图4-2　后天八卦图　　　　　　　　图4-3　蒲壮所城平面示意图

由于所城兴建之初实行的是世袭兵制和屯田制，因此城池设计既有很强的古代军事防御城池的特点，又具有很强的新兴移民城郭的属性，所城不论在尺度、材质，还是视觉比例上均突显四方威严、神圣不可侵犯的神韵。蒲壮所城的总体布局保存完整，平面为不规则长方形，南北长630米，东西长530米，北圆南方，全城周长2075米，城内面积24.74公顷（图4-4）。

蒲壮所城的军事廊道设计是所城建造过程中的重要保障体系，各军事设施之间通过军事廊道传达军事信息，起到瞭望、预警和下达军事命令的作用。所城内设置有几处高地可有效地同周边其他军事设施进行军事信息互通，如四向的城门楼和龙山山顶。龙山海拔105米，整体围入蒲壮所城内，是城内最理想的军事廊道制高点（图4-4）。

①　周思源：《〈周易〉与明代沿海卫所城堡建设》，《建筑文化》1993年第4期，第165—170页。

图4-4 蒲壮所城鸟瞰图

（图片来源：http://www.wzxc.gov.cn/system/2013/08/27/011371192.shtml，温州宣传网）

城内设置有四向的主街，以便于战时兵马调动和传递军事信息之用；主街宽5米，可容八人一队兵马并行通过；主街端头和东南西三门相通，北连城隍庙，除东西向可能由于后期壮士所城并入后，主街设置有转折外，其余空间上均保持视线直通。

明代卫所制实行屯田制，军民大部分时间还是以自给自足的生活方式为主。而位于马站平原的蒲壮所城周边存有大规模的耕地，这些农田作为所城官兵的屯田场所，以维持所城平日正常生活所需。目前这些土地大多还保留有农田性质，少部分贴近蒲壮所城的土地现建设有居住建筑和商业建筑。

蒲壮所城在清初经历迁界，复界后历经康、雍、乾三朝的恢复重建，其军事功能逐渐弱化，转化为普通的生活聚落，因此明代城内的军事设施和相关布局多已不存，东门外的校场在民国期间也被垦为农田，但城防体系、街巷格局和周边环境总体保存完整，部分重要建筑还保存有少量遗迹。

4.1.2 城防系统

城防系统是军事聚落最为主要的特征，蒲壮所城的城防系统包括城墙、城门及瓮城、敌台等，整体保存完整。

城门城墙系统是古代军事设施常见的防御体系，据民国《平阳县志》记载，蒲壮所城"周围五里三十步，高一丈五尺，趾阔一丈三尺，城门三座，堞六百十一口，敌台六座，窝铺二十座"[①]。城墙北面依龙山山势修建，其余三面均筑于平地上。同时，

---

① 符璋，刘绍宽：《民国平阳县志·卷六·建置志二》，中华书局，2020年。

为加强城门城墙的防御功能，城墙上运用马面、城楼、城垛等设施，三处城门在设计时特地做成瓮城结构。为保护城门安全，各城门两侧均设有敌台，方便弓箭手攻击进攻城门的敌军，使古城整体防守无死角。城墙用不规则块石分三层砌筑，内夯熟土、碎石，面铺三合土。南城墙上还藏有一个排水暗道（现小南门位置），即使是在吊桥收起、城门关闭的紧急情况下，最后的散兵也能通过这个暗道退入城中。

根据《温处海防图略》载："蒲门所与壮士所同城，坐平阳县五十五都。城池周围五里三十步。蒲门所分守西南边一半，垛口二百八十五个，城门二处；壮士所分守东北边一半，垛口三百二十六个，城门二处；敌台六座，窝铺二十二座。"[①]蔡逢时，明万历九年（1581）进士，曾任温州军备副使，其对蒲壮所城的记载应该准确性比较高，根据其描述，蒲壮所城应有四处城门。但在近年北城墙考古调查时，并未发现北门痕迹，仅发现西北便门遗迹以及一处敌台遗迹。因此，关于历史上蒲壮所城有无北城门，尚无定论。

（1）城墙

南城墙外借用天然的水系，东、西两侧城墙外借用人工改造引入水系，使所城外围形成整体的护城河。护城河上设置吊桥，可根据战事需要收起吊桥形成天险。

城墙内侧设置环城跑马道，宽3—4米，与城内的其他巷道以及主街相通，方便士兵以及后勤补给快速到达目标区域，是所城内最重要的军事交通通道，是城内官兵快速往返于各个城门、城楼瓮城、敌台的交通要道。沿环城跑马道于三处城门内侧设置有宽1.5—5米的上城墙踏步，同时部分城墙内侧还设置有宽不足0.5米的上城墙便道，方便官兵登临城墙进行防守。

蒲壮所城的城防体系包括城墙、城门、瓮城、敌台、城壕等整体保存状况较好。城墙除北侧仅剩墙基外，其余三面均保存完好，城墙内外两壁皆以块石包砌，内夯以实土与碎石。保留有三座城门，皆设城楼、瓮城、城垛，此外经考古，发现西北便门一处。

东城墙自华公纪念堂东南侧开始，至城墙东南转角处，全长326米，城墙基阔5.3—8米，顶宽4.5—5米，墙高5—7.8米。东门南侧设置上城墙踏步，宽2—2.5米。倪氏宗祠北侧设有上墙便道一处，宽不足50厘米。1987年曾对本段部分残损严重的城墙进行过修缮。东城墙有敌台两处，分别位于东门两侧。北敌台距离东门53米，基阔10.7米，进深5.9米，高7.8米，靠城墙而筑，外壁用不规则块石垒砌，现敌台顶端植古榕树一株。南敌台距离东门44米，基阔8.6米，进深4.7米，靠城墙而筑，外壁用不

---

① （明）蔡逢时：《温处海防图略·卷一》，明万历澄清堂刻本。

规则块石垒砌。两敌台均于2016年维修。

南城墙长426米，城墙内外两侧脚，较陡直，城墙基阔5.3—8米，高3—6米，顶宽4—5.5米。南门两侧设置上城墙踏步，东侧踏步宽度1.3—2.4米，西侧踏步宽度2.8—4.1米。九间宅东侧设有上墙便道一处，宽不足50厘米。东侧原排水渠西侧，20世纪70—80年代新开有便门一处。1998年曾对小南门两侧部分残损严重的城墙进行过修缮。南城墙有敌台两处，外筑块石，分别位于南门两侧。东侧敌台距离南城门63米，基阔8米，深5.7米，高3米。西侧敌台距离南城门30米，基阔8.5米，深10.2米，高2米。

西门城墙自南侧转角处至西寺大榕树处，全长482米。城墙基阔5.5—8.9米，高3—5米，顶宽4.5—5.5米。西门北侧45米处设置上城墙踏步，宽2.2—3米。城墙踏步北侧30米处以及小学围墙外各设有上墙便道一处，宽不足50厘米。1990年曾对本段部分残损严重的城墙进行过修缮。有敌台两处，外筑块石，分别位于西门两侧。北敌台距离西城门170米，基阔6.4米，深4.6米，高5.2米。南敌台靠城墙而建，距离西城门94米，基阔6.9米，深4.5米，高4.5米。

北城墙由于后期周边村民建房取料，历史上就残破严重，仅剩墙基。2018年由浙江省文物考古研究所主持、温州市文物保护考古所配合，对其北侧城墙进行考古勘探。北城墙自西寺大榕树至华公纪念堂东南侧，全长553米，内外两壁均用块石垒砌，内夯以实土、碎石，现无城门和墙堞。城墙基阔5—9.4米，高4.4—8.5米，顶宽4.8—8.7米。2018年考古勘探时，还发现有北城墙的西北便门遗址以及敌台遗址，现在原处恢复有门洞以及敌台。

（2）城门、城楼、瓮城

东门即威远门，始建于明洪武二十年（1387），清嘉庆年间重建，1987年重修。护城门两壁用块石垒砌，内夯实土与碎石，门面北，面阔2.3米，通进深6.64米，护城门两侧距城墙角9.2米，东侧距瓮城墙角9.6米，分内外两层拱券合筑，其中外层拱券门采用四排条石分三层并联对称拱券砌法。券高3.35米，拱券厚1.15米，券顶距城墙顶1.6米，拱券用青砖粘白灰并联错缝拱券砌筑，券顶高3.85米，面阔2.68米，拱券厚1.58米，于两层拱券门之间置一石横梁，其两端分别拴入城墙墙体，石梁宽0.48米，厚0.35米，距地2.8米，为后门户三顶梁，现门户已毁。东门瓮城内天井面阔14.9米，进深16米，瓮城台面阔19.6米，进深26.9米。今城门内侧上的"旸谷流辉"四字为当地近现代著名国学大师、书法家苏渊雷所题。

东城门上置城楼即迎阳楼，始建于明洪武二十年（1387），1987年重修，系木构建筑。面阔三间9.4米，其中明间面阔4米，次间各宽2.7米，通进深6米，明间七架梁，次间边缝抬梁式结构，城楼基高0.15米，楼两周壁及后墙用青砖包砌，墙厚0.3米。

东城墙城堞主要修筑于瓮城台面一周，不规则块石垒砌，堞高1.8米，堞口高1.03米，宽0.42米，城堞厚0.35米，箭孔方形，边长0.25米，各堞口相距2米。

南门即正阳门，城门两壁用块石包砌，内夯实土与碎石，面西，进门深5.5米，面阔3.25米，门北侧距瓮城墙角7.7米，护城门分内外两层拱券门合筑。其中外层拱券门采用三排条石分三层并联对称拱券砌法。拱券门距城墙顶2米，拱券砌筑厚1.06米。内层拱券门采用青石粘白灰并联错缝拱券砌法，其面阔2.9米，券顶距地面4.2米，拱券砌厚1.8米。在两层拱券门之间为两条石当横拼，其两头分别拴入两端墙体，石梁宽0.4米，厚0.3米，为原门户三顶梁。原设门户现已毁。南门瓮城内天井面阔15.2米，进深18.3米，瓮城台面面阔20.1米，进深27米。民国初年，重修南瓮城。

南城门上置城楼即聚奎楼，始建于明洪武二十年（1387），清乾隆九年（1744）重建，1989年重修，系木构建筑，面阔三间10.1米，进深三间5.9米，其中明间4米，两次间各3.05米，明间七架梁，次间边缝抬架梁式结构，城楼基高0.15米，两侧及后墙均系青砖包砌，墙厚0.35米。

南城墙城堞主要修筑于瓮城台面一周，为块石垒砌，较为规整，堞高1.8米，壁厚0.35米，堞口距瓮城台面1米，各堞口之间设箭孔，箭孔方形，边长0.2米，堞口相距2.1米。

西门即挹仙门，始建于明洪武二十年（1387），后被拆除，现已不存。西城门整体为瓮城结构，瓮城内天井面阔18.5米，进深14.9米，瓮城台面面阔27.4米，进深20.5米。护城门两壁用块石包砌，内夯实土与碎石，门面南，面阔2.4米，进深5.55米，分内外两层拱券门合筑，其中外层拱券门用六条石分三节并联对称拱券砌筑而成，券顶高3.05米、拱券厚0.6米，拱券顶距城墙顶（残）1.2米。内层拱券门用青砖粘白灰并联错缝拱券砌筑而成，券顶高4.03米，面阔2.8米，拱券厚1.4米。于两层拱券门之间并横两条石梁，其两端分别嵌入城墙体内，石梁合宽0.7米，厚0.35米，距地3.07米，系原门户之顶梁。护城门东侧距城墙角10.5米，西侧距瓮城墙角9米，分内外两层不等，墙基及顶部结构残损严重，但构筑方式依旧清晰。西城墙城门上无城堞，估计早期被毁。

西北便门遗址位于龙山西南脚的西竺寺外，未正式发掘之前该处门址整体已叠压于通往龙山顶的现代路面下。经发掘，西北便门门址系依山修筑，门道大部分建于生土面之上，以稍规整的大块石堆垒砌筑而成，局部杂以小石块垫平，未见使用黏合剂的迹象，门道内侧壁面整体较为平整。门道内的铺石路面平面略呈扇形，路面以中等规格的平石铺设而成。据城内居住老人们所述，早年上山生产建设以扁担挑柴粪可自由进出门洞，不用侧身，原门高度2米有余，宽约2米，原门道顶部系在两门墩之间用长条石以搭平梁方式筑成平顶，与其余三门皆以弧券顶构筑的建筑方式完全不同。

（3）敌台

敌台遗址位于城池西北方位，系龙山西麓南北坡的制高点。未正式发掘之前即发现该处"土台子"，地表以上局部可见土台外围的包石墙体。敌台南侧依城垣而附建，但两者并未连为一体。敌台平面略呈长方形，东西长7米，南北（凸出城墙）长4米。敌台上部被破坏严重，因此其原始高度具体不详。对敌台外包石墙基的解剖过程中，未见墙基有基槽迹象，建筑之初或系直接平整山地后再予以垒砌石墙。外包石墙以大块石堆垒砌成，垒砌的墙面略显杂乱，每层垒砌的层次不甚明显。北、东、西三壁包石墙垒砌时自基础往上逐步收分，呈底大顶小状。敌台北壁石墙的坡度约为80°。其余的东、西两壁破坏严重，坡度具体数据不详，判断大致在80°左右。

（4）护城河

历史上蒲壮所城护城河宽度较宽，大致为15米，除北侧借助龙山山体形成天然防线，不设城河外，其余三面沿城墙环绕古城。现自华公纪念堂至西城门还保留有较完整的一段，长度为1070米，占原护城河总量的65%，2000年5月对其进行疏浚；其余河道现均已被填。东、西、南三面原均于护城河上设吊桥，便于通行，东门吊桥、西门吊桥现均已改为车行水泥公路桥。南门吊桥现已改为步行水泥桥。

4.1.3 市政街巷

所城的街巷体系主要分为主街和逐级细分的网格状街巷，以连通城门的主街为主轴，外围靠城墙内侧设置一圈环形跑马道，主要用于军事消息传递。为防止外部倭寇入侵，所城内其他街巷在布置时特地设计成宽窄不等、曲直多变及丁字路、断头路等，构成一种千变万化的道路网，方便诱敌深入，各个击破，构成内部的另一种防御体系。城内还设有众多的水井和贯通古城内外的排水沟渠，一方面是满足城内军民饮水、洗涤等日常生活需要，另一方面是在面对倭寇火攻时及时取得灭火水源。

蒲壮所城的街巷市政格局整体保存完好，以"东西南北十字街"①为中心、纵横交

---

① 取自蒲壮所城当地民谣："一亭二阁三牌坊，三门四巷七庵堂，东西南北十字街，廿四古井八戏台。"

错的街巷格局清晰可见，街巷宽度基本维持原状，许多街巷名称还保留有卫所制时期的印记，主要有十字街、东门街、西门街、南门街、仓前街、挖肠街、社仓巷、铁械局巷、马房巷、衙基街等巷弄，环城排水道、街巷排水道和水井等市政设施分布其间。由于近年来的城镇建设，城内历史街巷地面均已经水泥硬化，两侧也新建了一些民居，街巷两侧风貌一般（图4-5）。

蒲壮所城的城内街巷布局以十字街为中心，以南北向的仓前街—南门街为中轴

（a）护城河　　　　　　　　　　　　　　　（b）城墙

（c）瓮城　　　　　　　　　　　　　　　（d）城门

（e）南城楼　　　　　　　　　　　　　　　（f）东城楼

图4-5　蒲壮所城城防系统现状

线。十字街是所城的中心，全长101米，宽4—6米，其他街巷基本上围绕其按"田"字形设计分布。东门街连接十字街、西门街，直通东城门，长301米，宽4—5米。西门街长182米，宽4米，直通西城门。南门街长140米，宽4米。仓前街北始于龙山脚下城隍庙前，连接南门街，直通南城门，为蒲壮所城的南北向中轴线，长150米，宽2—4米。

明代建城时，特意在十字街中心置奠基石，作为全城的中心点，并以此为中心向四个方向辐射布局。城里有"到街心讲理"的俚语，街心就是奠基石所在地，因此奠基石也是所城内公平正义的代表。奠基石呈方形，花岗石质地，长0.56米，宽0.53米，色彩斑斓，被磨得光滑锃亮。民国初，为防止行人走路滑倒，遂在石板上刻以纵横纹路。

挖肠巷现名发祥巷，位于古城东南角，与张道台巷与绍兴巷平行，西起于五显巷，向东北拐入小弄到张道台巷，呈"凵"形，长120米，宽2米。相传建城之时在此设置刑场实施酷刑以威慑民工，酷刑称为"挖肠"，"称竿缚之竿梢，彼末悬石称之"，有"抽肠"亦挂架上，"以钩入谷道，钩肠出，却被彼端石，尸起肠出"。蒲壮所城建成后，该地刑场功能一直延续到民国年间，人们为避其血腥而改为"发祥巷"。

社仓巷位于城内西南角，东西走向，东接第四巷，西连城墙跑马道，长30米，宽2米，为明清时期蒲壮所城的粮食储备之地，《嘉靖浙江通志》记载"广济仓三，一在金乡城内，二在沙园城内，三在蒲门城内"[①]，民国《平阳县志》记载"嘉靖八年令各抚按设社仓，令民二三十家为一社"[②]，"蒲壮义仓在五十四都蒲壮所城内旧公馆旁，厅一间，东西廒各一间，四围墙垣，本都省祭徐日盈立石记之，久废"[③]。

铁械局巷位于城内西南角，同社仓巷平行，长110米，宽2米，为蒲壮所城的军需库房所在地。

马房巷位于城内西南角，同铁械局巷、社仓巷平行，长75米，宽2米，为蒲壮所城的军需库房所在地。

衙基巷位于东门街中部北侧，起于东门街向北通向五福巷和后英庙，巷东曾为蒲壮所城千户所公署所在地，目前保留有衙基石一块。

环城跑马道是建城时期同时设置的，紧靠东、南、西三向城墙内侧，是蒲壮所城内重要的军事、交通设施，是城内驻军往返于各城门、城楼、敌台、瓮城之间的主干

---

① （明）薛应旂：《嘉靖通志·卷十六·建置志第二之四》，成文出版社，1983年。

② 符璋，刘绍宽：《民国平阳县志·卷十三·食货志二》，中华书局，2020年。

③ 符璋，刘绍宽：《民国平阳县志·卷十三·食货志二》，中华书局，2020年。

道。环城跑马道用鹅卵石或块石铺筑而成，宽度在2米至4米之间，现保存完好，保持明代格局。

目前，城内保存的水井有80多处，分为公井和私井两类，公井有七口，其余均为私井。其中位于十字街交汇处的街心公井为明朝建城时所置，也有说建城前就已存在，是所城内最重要的古井，位列古城传说中的二十四古井之首。井口呈圆形，青石质，内径0.62米，外径0.89米，井沿高0.5米，井水常年不枯，沿用至今。

城内排水系统设计完善、体系清晰，总体上自北侧山体往南侧护城河排放。四周沿环城跑马道设置环城排水渠，自南门瓮城下排入护城河，为所城内重要的排水主干渠，现环城排水道保存完好。城东以衙基巷—天灯巷—文昌阁巷为排水沟渠走向，然后自小南门处排入护城河；城中以仓前街—南门街为排水沟渠走向，然后通过南门瓮城排入护城河；城西自水池头、德星巷、阔口巷三条汇入仁美巷—第四巷，再接入环城排水渠，然后自南门瓮城下排入护城河（图4-6）。城内原排水道均为明沟，主干道宽1.5—2.5米、深1.5米，一般干道宽0.3—1.2米、深为0.5—1米，沟底两侧均用块石垒砌，至路面时的石头用块石顺砌。现排水道上为后期通行方便，已全部覆盖有水泥盖板。

4.1.4　重要建筑

卫所内的建筑按照功能主要可以分为三类：行政管理建筑、宗教建筑和民居建筑，与军士的生活紧密相关，是海防体系的重要组成部分。由于清初为了对郑成功义军进行封锁，朝廷下令在当地沿海十里插木为界，进行迁界，蒲壮所城也在此列，清顺治十八年军队将百姓驱逐出城，并放火烧城。直至康熙年间重设蒲壮营，百姓才迁回城内居住。同治年间再度撤防，从此不再承担防御。经历火烧和百余年的风吹日晒雨淋，至回迁时城内建筑多已破败不堪，只得于原址上进行修建。

蒲壮所城内部与军事管理相关的建筑遗存目前都已损毁消失，仅保有庙宇、宗祠等宗教建筑和民居建筑群。其中庙宇数量较多，常见的城隍庙、晏公庙、妈祖庙等代表各种信仰不同的庙宇则散布于城内各间，反映着军事城堡兵士人口构成繁杂及信仰神祇不拘一格的、生动的、特有的生活及民俗文化画卷。根据蒲壮所城当地民谣"一亭二阁三牌坊，三门四巷七庵堂"所说，城内原有七座庵堂，即东庵、南庵、西庵、光福堂、香山庵、尼姑洞、景福寺等，有些甚至始建于唐宋年间。但由于历史悠久，大多已不见踪迹，由于缺乏文献记载亦不明其原始位置。根据城内现有遗存及相关历史，陈后英庙和墓、东庵、西庵、城隍庙、东西晏公殿这几处宗教建筑均始建于明代，与蒲壮所城的海防历史紧密相关，现存建筑多为清代及民国重新修建。

（a）东门街　　　　　　　　　　　（b）西门街

（c）仓前街　　　　　　　　　　　（d）南门街

（e）铁械局巷　　　　　　　　　　（f）马房巷

（g）奠基石　　　　　　　　　　　（h）街心公井

图4-6　蒲壮所城街巷现状照片

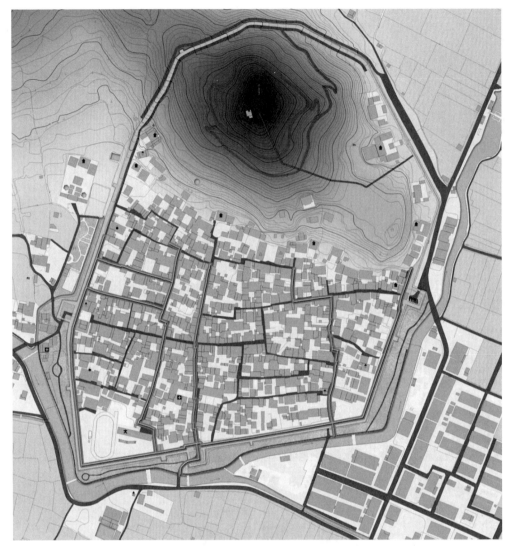

图4-7   蒲壮所城排水系统分布图

（图片来源：浙江大学建筑设计研究院有限公司《蒲壮所城保护规划》）

　　蒲壮所城内保存有大量的清代民居建筑群，充分考虑了当地的自然环境条件，同时也展现了作为沿海建筑的共同特点，属于越海系建筑文化区的分支温州越海建筑文化亚区分布范围。越海系民居建筑平面布局从整体上来看，较为突出的大致有"三合型"和"四合型"两种模式。因不同的地形条件和建筑意图，通常会以此两种模式为"基型"进行扩展或重复组合，形成各种变异体。

（1）陈后英庙·墓

　　陈后英庙·墓位于龙山南坡山麓，后英巷北侧，为纪念明嘉靖年间蒲壮所城抗倭英雄陈老而建，始建于明嘉靖年间。嘉靖四十四年（1565）八月，倭寇由福鼎海岸登陆欲翻越山岭直扑蒲门，蒲门人陈老发现敌情，一边派同伴回城报信，一边依山岭之势拼死御敌，最终寡不敌众，壮烈牺牲。倭寇半路受挫，锐气顿失，后几次攻城不得，溃败而去。

陈后英墓墓廓呈靠椅形，坐北面南，两侧各种有一棵百年以上的棕榈树。整体结构较为简单，墓沿前面宽3.8米，墓环用两层青砖粘白灰倒置拼砌而成，墓葬环形，块石垒砌，墓壁宽0.7米，墓碑设置于中间，方形，块石砌筑而成，碑正面自右向左楷书阴刻"守武真官墓"五字。

陈后英庙位于陈后英墓前，始建于明嘉靖年间，清嘉庆十二年（1807）重建，1986年重修，占地面积200平方米。陈后英庙前置庙门，重檐歇山顶形式。过庙门，内为天井，面阔10.6米，进深11.8米，两侧筑山墙。正殿面阔三间10.8米，进深7.9米，系前后廊九架梁结构，前廊设置卷棚，明间正堂置陈后英塑像。屋顶两端置龙头兽吻。建筑内部设置有大量关于陈老抗倭故事的雕刻和壁画。

后英庙天井内置有四方石刻碑记，分别是遗爱碑亭记、恩定粮规碑、革陋碑、王氏史太儒墓志铭。遗爱碑亭记是明嘉靖十九年（1540）蒲门千户夏恩等人为纪念浙江都指挥李俊驻防蒲门而立，碑长1.4米，宽0.66米，厚0.12米，碑阳文楷书阴刻，具有较高的价值。恩定粮规碑是清同治年间立，碑高1.2米，宽0.7米，碑文楷书阴刻。革陋碑全称为奉总督福浙部院大老爷范禁革现年各陋规碑记，于清康熙五十二年（1713）立，碑高1.05米，宽0.71米，碑文楷书阴刻。

（2）东庵

东庵位于所城东北隅的龙山山麓，为城内东西对称二寺之一，因此得名东庵，旧时又称东林寺、光灵堂。东庵始建于唐会昌年间，后兴废不一，现存建筑主要为清同治七年及光绪年间重建的遗存。

东庵依山而筑，面东，前后共四进，地势前低后高，中轴线上分布有山门、弥勒殿、大雄宝殿及观音阁，两侧分布有偏房作为附属用房，大雄宝殿后筑放生池。东庵整体建筑小巧，富有园林之胜，其中山门、弥勒殿、大雄宝殿均为清同治年间建，近年重新装修；其余建筑均为后期新建。

山门通面阔8.9米，通高5.9米，进深1.75米，其中门宽1.5米，高2米。山门之内外及左右两侧各置石倚柱，外侧石倚柱楷书阴刻云："观自在菩萨。"内侧石倚柱书："石洞何人开密窍，金门有铊透玄关。"小石梁上云："南无阿弥陀佛。"山门顶设二层构筑，门两侧砌筑花墙。门之下层正脊仿楼阁式构筑，为歇山顶，正脊两端饰双鱼吻。

弥勒殿面阔三间5.54米，进深4.75米，明间五架梁抬梁式结构，后墙开窗，前廊檐下置吊柱。弥勒殿屋顶硬山造，两端饰龙头兽吻，两坡顶盖阴阳合瓦。弥勒殿一侧立有清宣统元年的光灵堂碑，记述了当时修建时的民众捐赠情况。

大雄宝殿前设三级台阶，面阔五间17.3米，进深8米。明间为前后廊七架梁构筑，次间边缝为穿斗式结构。大殿屋顶为硬山造，两端饰龙头兽吻，两坡顶盖，阴阳合瓦，殿之间墙为石砌。

（3）西庵

西庵又名西竺寺，坐落于所城内城西村龙山山麓，沿山坡而建，逐层升高，与东庵相对而立。西庵始建于明代，清光绪三十年（1904）重建，近年重修，由山门、台门、天井、大殿、厢房组成。历史上留有很多关于西庵的诗文，比如清嘉庆年间华文漪的《秋月下偶经西庵》。

山门在城墙内靠平地处，台阶上升，以门状砌成，不封闭，有屏风，上书"佛"字，拐西再上台阶，可达寺院，台门前有小庭院，外砌栏杆。西庵台门砖筑，通面阔19.9米，其中门宽1.48米，高2.15米。门两侧山墙开窗。天井面阔9.2米，进深9.7米，两侧构筑厢房。厢房面阔二间5.88米，进深4.1米。大殿前置七级台阶，面阔五间18.4米，进深9.4米，全殿为前后廊七架梁结构，梢间边缝抬梁式和穿斗式结构。大殿屋顶为硬山造，两端饰龙手兽吻，两坡顶盖阴阳合瓦，檐头不设滴水。大殿两侧厢房为近年修建的钢筋混凝土结构建筑，面阔两间。庵后泉水清冽、味甘，久旱不干，设有方形井口一处。大殿后临山有早期开凿的观音洞一处，曾经是蒲壮所城的一处胜景。

（4）城隍庙

城隍庙是蒲壮所城最重要的庙宇建筑，是用来祭祀城隍爷的庙宇，是供奉守护城池之神的场所。据说，蒲城官员到任要先到城隍庙报到，每年庙会城隍爷均要出巡，古城主要官员要到一定的位置迎接。

蒲壮所城城隍庙位于龙山南坡山脚、仓前街北端，坐北朝南，正对南城门，是所城中轴线上最重要的公共建筑，君临全城。城隍庙始建于明代，现建筑为清代光绪年间修建。城隍庙原为合院式建筑，在中轴线上依次有台门、山门、戏台和大殿，其中台门、山门早年被毁，戏台在"文革"期间被拆，现仅存大殿。台门、山门、戏台建筑基址保存完整，格局清晰。

大殿建筑保存完整，前置五级台阶，面阔五间13.4米，通进深10米。明间七架梁，

（a）陈后英庙

（b）陈后英墓

（c）东庵

（d）西庵

（e）城隍庙

图4-8　重要建筑现状照片

边缝穿斗式结构，明间正厅置八边形藻井，前廊卷棚结构。庙之额枋等饰以飞凤纹、龙纹、人物故事画等浮雕画案，雕刻精美。大殿屋顶为硬山造，两端饰龙吻兽吻，两坡顶举折平缓，盖阴阳合瓦。

（5）东、西晏公庙（殿）

晏公原为江西的地方性水神，由于明初受到朱元璋的敕封而发展成全国性的水神，成为东南沿海卫所地方崇拜的重要对象。蒲壮所城就在城内分别设置了东、西两座晏公庙，一方面是与蒲门所、壮士所分地而治的城池格局息息相关，另一方面也反映了晏公信仰在蒲壮所城的兴盛。

西晏公殿位于蒲壮所城的西门入口，西门街的尽头，前临西门街，供奉晏公，是蒲门拔五更活动的核心场所。西晏公殿历史悠久，据说早在所城设立前就已存在，原为溪边小庙，后经多次重建发展而来。至清代，西晏公殿已发展为前有戏台，自身有前厅和正厅的古建筑。现存建筑为民国三十五年重建，由于正值抗日战争胜利，物资匮乏，整体相对简陋。西晏公殿坐北朝南，屋面采用歇山式，形成高大的殿堂，是蒲壮所城内现保留的唯一一处歇山式古建筑，占地面积150多平方米。

东晏公庙位于古城东北角的龙山山麓，始建于明代，清代咸丰年间重建。东晏公庙为合院式结构，供奉晏公，是蒲门拔五更活动的重要场所。据说是明代壮士所迁居蒲壮所城后，兴建的民间信仰场所。建筑坐西朝东，意为思念故土，东望故土，占地面积430多平方米，平面呈凸字形。主轴线上为三开间的门厅和正厅，两侧围以阁楼式两层厢房，形成外观五开间的外立面。门厅内设置有戏台，中部可拆卸，平时拆开作为通道使用。厢房西侧尽端东西两侧各设置一处石砌化纸炉，上供土地爷，做法精美。正厅前置船篷轩。

4.2 壮士所城

壮士所城位于今苍南县渔寮乡雾城村，所辖高阳台、雷峧墩、尖山墩、时家墩墩。其城三面临山，东侧面海，南望高垟台和高垟烟墩，北望关头山烟墩。该城与蒲门所城同时建制，面积略小于蒲门所城。

壮士所城属于海口型卫所，地处海岸和内陆河流交汇处，依靠山形水势作为掩体，直接控制进入内陆的咽喉要塞。壮士所城三面环山，东面临海，呈不规则长方形，东西长约460米，南北宽约380米，周长1400米，占地面积11.03公顷（图4-9）。壮士所城虽然早年废弃，且城内只开展过零星的考古工作，但根据现有历史资料以及考古资料，该城的城防体系大致清晰。

壮士所城城防体系设计与蒲壮所城有一定的相似性。其城墙用不规则块石砌筑，内夯土石，东、南、西三面设城门，东、西各为瓮城，但南侧设为普通城门。近年的考古表明，壮士所城最终是被倭寇在南城门处用火攻方式攻破，这也进一步证明了军事所城的城门设计成瓮城的重要性。城南利用南侧天然水体构筑护城河，西城门、南

图4-9　壮士所城现状

（图片来源：http://www.zj.gov.cn/art/2020/12/3/art_1229441734_154.html，浙江省人民政府）

城门外的护城河上设置有吊桥，可根据战事需要收起吊桥形成天险。城北棋子山利用天然溪涧形成天险，然后于溪涧内侧设置城墙，共同形成易守难攻的军事古堡格局。

城墙内侧设置环城跑马道，宽3—4米，方便士兵以及后勤补给快速到达目标防守区域，是城内驻兵快速往返于各个军事据点的通道。沿环城跑马道设置部分上城墙踏步，方便官兵上城墙进行防守。与蒲壮所城不同的是，壮士所城城墙周边设置有大量集水井，或成排出现，或三五成群，主要分布在东段城墙内侧北部、主排水沟以北和南门两侧，大致呈一字排开，以方形坑为主，个别为圆形坑。据推测，这些集水井可能是为预防倭寇火攻所城而用于取水之用。虽然壮士所城在建成之初就已经考虑到该所城在防御火攻方面比较薄弱，并且进行有目的的补强，但考古勘探表明该城最终依旧是被火攻破。

壮士所城的军事廊道通过三向城门楼和北侧山体进行沟通。城内设置有丁字形主街，以便于战时兵马调动和传递军事信息之用。主街端头和东、南、西三门相通，丁字形交叉口处背靠山体设置城隍庙，作为壮士所城的中心。

结合壮士所城现有考古勘探资料，壮士所城内排水设施自西向东汇入大型明渠后，在东城墙下排入护城河水系，最终排入东海。

壮士所城由于废弃时间已久，且曾遭火攻，城内原有建筑多已不存，现仅有城防系统保存相对完整，包括城墙、城门、瓮城和护城河。

壮士所城南面和西面的部分城墙保存较好，东侧城墙后期维修，其余残损严重。墙内外两侧用不规则块石砌筑而成，墙体内充碎石、混合土夯石，墙顶地面用块石墁

（a）护城河

（b）南城墙　　　　　　　　　　　　（c）北城墙

（d）东城墙　　　　　　　　　　　　（e）东瓮城

（f）西瓮城　　　　　　　　　　　　（g）城隍庙

图4-10　壮士所城现状照片

铺，剖面呈梯形。其中东城墙全长 167 米，南城墙全长 448 米，西城墙全长 105 米，北城墙依山体走势修建，全长 678 米。

东、南、西三座城门皆残损，城门宽均约为 3 米。东城门遗址叠压在村道路下，城门内路面铺块石，门设于中部，有闸门和木门两重，闸门外侧宽 2.35 米，内侧宽 2.8 米。东门设瓮城，残损严重，近年对其进行抢修加固；瓮城内天井面阔 24.3 米，进深 18.5 米。在城内门道两侧设有登城阶道，阶道附于城墙内侧，块石砌筑，自远端拾级登临。

南门早年废圮，门道及两侧形制不明。东侧城墙保存现状稍好，西侧墙体已基本不存，两段城墙之间形成一个长 10 多米的缺口，应为原南门所在。南门两侧墙体及登城阶道形制、规格与东门应大体相同。

西门相对保存较好，瓮城结构，城门两壁用块石包砌，内夯实土与碎石；护城门面南，进门深 5.7 米，面阔 2.6 米，上部结构已毁；进护城门后折 90° 至西城门，城门面西，进门深 9.2 米，面阔 3.5 米，上部结构也已毁；瓮城内天井南北长 31.2 米，东西宽 17.2 米。

城南、城西利用天然河流作为护城河，北侧山体上利用东西两侧天然峭壁、泄洪道作为辅助防御设施。护城河近年整治，宽 6—23 米。

4.3　寨

蒲壮所海防体系内的高洋寨、木林寨由于历史原因，现均已无存，菖蒲洋寨、程溪寨两处寨城保存至今，现均为苍南县文物保护点。七溪寨推测可能位于白湾堡所在地，由于后期建设活动，原有格局无法判断，因此不作描述。

4.3.1　菖蒲洋寨

菖蒲洋寨由于历史久远，现遗址保存情况较差，寨城范围内树木郁郁葱葱，杂草丛生，整体布局不甚明朗。现依稀可见原寨城南北长 140 多米，东西宽不明确。现保存的城墙长约 55 米，宽 36 米，残墙高 1—1.5 米，宽 2.1 米，块石垒砌。原寨门朝西南，西北角设瞭望台，可望沙埕港。

根据蒲壮所城海防体系内的烽堠分布情况和分布距离，菖蒲洋寨东侧 400 米处的上岗山烟墩可能为其当时配置的专用烽堠，可惜该烽堠早年已被破坏。

4.3.2　程溪寨

据《筹海图编》载：程溪寨，南至海，西抵镇下门水寨，颇为蒲门要区。现程溪寨遗址位于苍南县霞关镇南坪上林村，地势东北高西南低，清初迁界，复界后福建泉州林氏家族来此垦荒居住。

程溪寨遗址由寨墙、寨门、营房和演武场等组成。寨城坐东朝西，长128米，宽123米，略呈正方形，周长495米，占地面积约为15800平方米。程溪寨四向开门，现均已不存，门址不详。北城墙现存121米，底宽11.8米，顶宽6.3米，外墙残高1米；东城墙现存128米，底宽17.5米，顶宽11.3米，外墙残高3.6米；南城墙现存123米，底宽12.7米，顶宽8.7米，外墙残高2.2—3米；西城墙现存123米，底宽11.3米，顶宽8.4米，外墙残高5米。演武场位于城外，距离南城墙东侧6米，长27米，宽23米，占地面积600多平方米，现辟为菜地。

寨城内东北角布置有古井一口，作为城内驻军的水源地，现已被填埋。城内保存有建筑遗址数处，其中东北角建筑遗址长7.2米，宽7.0米略呈方形，估计为城内后勤区域；东南角南北向并排设置两处建筑，相距3米，东侧建筑遗址长16米、宽5米，西侧建筑遗址长18米、宽5米，估计为营房。

根据现有资料推测，程溪寨城内部可能由十字形路网与四向城门相连，南半城为营房区，东北区为后勤区，西北区可能为指挥中心以及军官生活起居区。

根据蒲壮所海防体系内的烽堠传递分布情况，程溪寨东北侧800米处的柳垄烽堠可能为其当时配置的专属烽堠。

4.4　巡检司遗址

巡检司遗址位于马站镇三墩洲村大姑营自然村，是明洪武二十六年至嘉靖后期龟峰巡检司所在地，后改为"龟峰隘"。遗址占地约1500平方米，东、北两面依山坡，西面为天然峭壁，位于蒲门所至壮士所的战略要道北侧。遗址四面环山，中间为一片开阔地，地势呈东西倾斜走向，东低西高，保存有东北两段城墙遗址、教场遗址、井泉、五显宫、得胜嵝碑等。

巡检司城不像所城以及寨城那样方正，其城墙走势依地形变化，整体做法相对自由。现遗址上保存有东段城墙43米，北段城墙65米，墙趾宽1.2—2.5米，残高4—6.5米不等。墙体沿山体自然走势修建，外侧用不规则块石砌筑，墙体内充碎石、混合土夯实，做法简单。巡检司城墙原应为土筑，正统年间，改为砖石城墙，"浙江右参政高峻奏缘海巡检司五十余处皆备倭要地，然城多土筑，卑小，而民兵皆衣纸甲，乞敕有司甃砖城，造铁甲，庶为久利。从之"①。

城内保存有五显宫一座，现建筑为20世纪90年代重建。根据司城的布局以及周边老人介绍，该庙可能为明代司城内的官庙，是官兵的精神寄托。五显宫西北角分布有井泉一处，现改造为放生池，可能是原司城内官兵主要的水源地。

教场位于城东侧100米处，为依山的开阔地，呈方形，当地也叫营盘基，为将士演兵习武之地，平面呈方形，遗址中有当年挖掘水井3口。营盘基前有条通往巡检司城的道路，现仍被当地村民称为营盘路。营盘基北侧即为农田区域，估计也是当时官兵的主要产粮区。

根据现有资料推测，巡检司遗址东南角可能为祭祀区，分布有五显宫；东侧可能为城内官兵的生活餐饮区，靠近城内的水源地；北侧地势相对较高，位置比较正向，应该为司城的指挥中心以及军官居住区；西侧应该为普通营房区。

根据蒲壮所海防体系内的烽堠分布情况和分布距离来看，巡检司遗址东侧500米处的大炮手山（地方名称）上的烽堠可能为其当时配置的专用烽堠。该烽堠的设立，可以有效地使壮士所烽火台与蒲门所烽火台建立连接；特别是两处千户所合并后，该烽堠的存在可以使两处千户所原有烽堠体系连成一体。

得胜嵫碑位于五显庙前，全称为宪示得胜嵫石碑，是为纪念明代抗倭将士功绩而设立。得胜嵫碑，青石质，高120厘米，宽80厘米，碑额横刻"宪示"两字，中间楷书阴刻"得胜嵫"三字。右边镌："大明天启二年正月廿五日海寇三口大王率众登陆俘斩于此。"左方为落款，刻"大清道光三十年五月立福户众等重建"，碑的左上方已残损一角。此碑系清道光三十年当地村民不忘抗倭英雄功绩，重新勒碑以示纪念。

除此之外，位于蒲壮所城西南方向的大隔巡检司遗址轮廓尚存，地上遗存大多已被破坏，遗址南侧建有棚户设施，对整体环境有一定的破坏。

4.5　关　隘

关隘通常规模较小，极易受到破坏，加上蒲壮所体系内的关隘后期大多发展为村庄所在地，现仅在白蓬岭村大隔自然村还保存有部分原木林隘遗址，城门隘则改为城

---

① 《英宗实录》正统十一年十一月丁酉。

门朱堡。

木林隘位于通往福建的古道上，是闽浙交界的一处冲要。木林隘前设隘门，用于巡查；后为隘堡。隘门设于堡西侧，宽10余米，现设置为小庙，用于祭祀原守城将官，称"侯天大王"。隘堡堡墙外观并不明显，规模不大，呈长方形，仅南面一门出入，西北侧靠山岗，其余三面设堡墙，外墙用夯土和块石构成，东西长53米，南北宽38米，堡内净面积1600平方米。据村民说，原堡墙高2米多，后因周边村民修建民居时经常来此取用石料，现堡墙已基本拆除殆尽，仅留部分残迹。

4.6 民　　堡

4.6.1 白湾堡

白湾堡平面呈方形，边长约120米。堡墙内外壁用不规则块石包砌，内填三合土，底宽7—8米，顶宽5—6米，高4—5米，剖面呈梯形。堡墙四角及北门设上墙踏步，南堡门由于后期被毁，上墙踏步情况不详；四角踏步做法类似，呈90°转角，踏步宽度在1.5—2米之间。北堡墙基本保存完整，长约129米。东堡墙长115米，部分残损。南堡墙长约127米，其中西南段由于后期建房，部分房基直接位于城墙上，对堡墙破坏较大；西北段堡墙部分残损。西堡墙长约122米，有破损。2002年对堡门和堡墙进行了抢修加固。

白湾堡南北两面设堡门。北城门呈拱券形，进深为2.3米，面宽2.2米，高2.9米，用较规整的块石砌筑而成，保存完好；城门内两侧设上城墙踏步，踏步垂直于城墙，外边与城门洞齐平，然后转90°至城墙墙体；踏步起步段较窄，宽1.2米，至城墙处踏步较宽，宽度为1.8—2米。南门为后门，拱券已毁，通道狭小，主要供村民平时出入，门基仍可辨。

原堡北门前设置有两道防御墙。第一道位于海滩上，距离北门200余米，高约1米，长上百米，是当时村民设置于海滩上的捕鱼陷阱。每当涨潮带来丰富的海鲜，退潮时部分海鲜就会被截留在第一道防御墙内，成为当地村民赶海的渔获。后由于捕鱼技术的改进和每天受潮水的冲击，该道防御墙逐步年久失修，早年就已无存。

第二道防御墙原设置于白湾宫外，北距堡门80米，20世纪80年代尚残存50多米。根据之前的资料记载和村民的描述，原第二道防御墙长300米左右，东西直抵两侧溪流，高2.5—3米，底宽1.5米，顶宽0.6米，后由于修建龙魁线公路需要，第二道防御墙被拆除。第二道防御墙是白湾堡重要的防海设施，其两头连接两侧溪流（即古堡天然护城河），前方直抵海岸，形成村落前方天然的防洪大坝。由于苍南地处沿海，夏秋两季多台风，再加上白湾堡贴近海岸，每年台风季节到来，白湾堡内的建筑均会被海水数次侵袭，造成大量财产损失。第二道防御墙的设置使村落外围形成保护层，保护堡内建筑和村民免受台风、洪水的侵袭。同时，第二道防御墙也是古堡重要的防倭设施，在倭寇上岸攻击古堡时，堡民通常会在此进行最早的设防。一旦这道防线失守，堡民就会退入堡内进行防守（图4-11）。

（a）东堡墙　　　　　　　　　　　　　　　（b）南堡墙

（c）西堡墙　　　　　　　　　　　　　　　（d）北堡墙

（e）北堡门　　　　　　　　　　　　　　　（f）南堡门

图4-11　白湾堡遗存现状照片

白湾堡整体城防设计与所城相似，南侧靠山，东、西、北三面分别利用海域以及溪流形成天然护城河围护之势，北侧沿海利用两道防御墙加强外层防御功能。白湾堡四周建造高4—5米的高大城墙，仅南北两面设堡门用以进出。南北城门以及城墙四角设置上城踏步，方便堡民上城墙进行防守。沿城墙构筑环形跑马道，方便平时对城墙的维修以及战时交通。白湾堡内有一条长约130米、宽约2.5米的鹅卵石路从北门直通向南门，为堡内主街。主街沿线设置两盏天灯方便村民生活；其中北侧天灯附近设置公井和小广场，形成堡内的中心地带。

堡外建设"Y"字形防洪沟渠，自南侧山体汇聚而来的水流，通过防洪沟渠有组织地引至白湾堡附近；然后在白湾董氏民居处汇聚成一条，顺着古堡西侧城墙往东引入溪流（护城河），最终排入东海。西侧堡墙外构筑沟渠小节点，营造水流景观，方便村民取用和洗涤。"Y"字形交叉处的白湾董宅就非常有效地利用了这部分沟渠和水系，让水流绕屋环行，部分引入东南侧的水井内，使水井常年处于溢水状态，部分往北引入到庭院内的风水池内。

4.6.2　城门朱堡

城门朱堡属于氏族性的聚居群落，面积较少仅有0.6公顷左右。东、西、北三面环山，三面砌筑堡墙，堡墙长宽各为250米，呈方形，堡内街巷曲折迂回，堡外设护城河。因堡内保存有大量古榕树，因此也称榕树里。

城门朱堡保存情况没有白湾堡好，中华人民共和国成立以后拆除城墙以及相关防御设施营建民居，现仅留存小段城墙和护城河，城池格局依稀可见，其余海防相关设施均已不可考。

现堡内保存有部分堡墙和南堡门。南堡墙长100多米，西堡墙长27米，残高2.5—3.5米。南堡墙设拱券门，门高2.9米，进深2.8米，面宽2.8米。护城河宽7.7米，深2—3米，自山中蜿蜒而下，除了防御功能外，也是村落重要的防洪设施。村落内还保存有多处古建筑，包括朱氏小宗祠、朱植宅、朱越英宅（图4-12）。

4.7　烽堠、墩台

苍南县历来重视县域内海防遗产的保护工作，早在1982年温州市文物处就开展苍南境内海防遗产的考古调查工作，之后在1988年、1998年、2015—2017年又多次集中开展了区域内军事遗产专题调研，基本掌握了这些军事遗产的保护和分布情况。在历

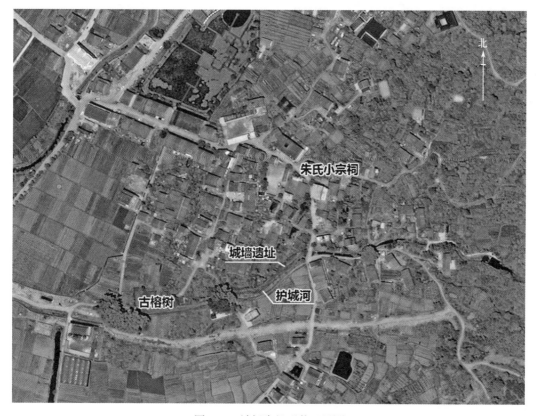

图 4-12　城门朱堡现状卫星图

（图片来源：自绘；底图来源：https://map.tianditu.gov.cn/，审图号：GS（2022）3124 号）

次的调研过程中，基本摸清了明代各类文献中记载的壮士所、蒲门所墩台和烽堠，同时发现了许多文献未曾记载的烽堠遗址。由于明代以及相关历史文献在对军寨、巡检司、关、隘、水寨等军事设施描述时，均未言及其有无专属烽火台；结合现有调研资料，军寨、巡检司、关、隘、水寨等军事设施周边均分布有一处烽火台，因此推断该部分烽火台可能为其专属烽火台。

目前，已知蒲壮所海防体系内至今保存有 14 处明代墩台、烽堠遗址，但由于当时开展调研工作时对军事体系的梳理还相对模糊，这部分遗产在命名时均采用其所处地名或所在山体 +"烟墩"方式进行命名。为了准确表述遗产内容，避免因为军事设施名称造成误解，本书将烟墩名称统一恢复其历史名称，历史文献中未提及的则以配套的军事聚落名称命名（由于各个版本的古文献在描述军事设施时普遍存在使用同音字或类似字等情况，具体名称将以《筹海图编》和《海防全图》的图纸上的名称为标准）进行表述（表 4-2）。

表4-2　蒲壮所海防体系墩台、烽堠名称对应表

分类	现名称	调整后名称 （历史名称）	备注
壮士所墩台、烽堠	雷奥堠 （关头山烟墩）	雷岙烽堠	
	大尖山烟墩	尖山烽堠	
	信智烟墩山烟墩	时家烽堠	
	高垟烟墩	高洋瞭望台	
蒲门所墩台、烽堠	南关岛烟墩	县中烽堠	
	岭尾岗烟墩	四表烽堠	
	南堡岭烟墩	南堡烽堠	清代沿用，改名为南堡台
	石壁面烟墩	分水隘烽堠	两所合并后裁撤
	小竹台堠	水竹瞭望台	
	上岗山烟墩	菖蒲洋寨烽堠	推测为蒲门所菖蒲洋寨专属烽堠
	柳垄山烟墩	程溪寨烽堠	推测为蒲门所程溪寨专属烽堠
其他烽堠	大炮手烟墩	龟峰巡检司烽堠	推测为龟峰巡检司专属烽堠
	布袋岙烟墩	北关烽堠	推测为北关专属烽堠
	大坡山烟墩	镇下门水寨烽堠	推测为镇下门水寨专属烽堠，归金乡卫管辖

蒲壮所防区内的烽堠、墩台主要可以分为两类，一类是直接隶属于蒲门所、壮士所的烽堠和墩台，另一类是防区地理范围以内其他军事设施的专属烽堠。目前明确存在的14处烽堠中，除了早期裁撤的分水隘烽堠以及后期被彻底破坏的菖蒲洋寨烽堠（上岗山烟墩）情况不明外，其余烽堠、墩台皆有遗存。

（1）壮士所烽堠、墩台

雷岙烽堠位于马站镇关头山村牛栏自然村的烟墩山顶部，海拔290米，南对望高垟瞭望台（直线距离2.9千米），北对望时家烽堠（直线距离3.1千米）形成东海防控视域体系，与壮士所城直视，属于原壮士所海防体系。雷岙烽堠由主墩台及辅墩台组成，主墩台平面呈方形，外侧由不规则块石垒砌，内夯碎石与黄土，残边长约为6米×6米，残高约为1—4米；辅墩台位于主墩台的东北面，为圆台形状，残高1—3米不等，直径约为4米，风格与主墩台雷同。

尖山烽堠位于马站镇崇安村大尖自然村大尖山顶,海拔300米,南对望程溪寨烽堠(直线距离3.6千米)、北对龟峰巡检司烽堠(直线距离2.6千米),形成东海防控视域体系。大尖山烟墩由2个墩台组成,西侧墩台呈方形,约8.5米×8.5米,残高2—5米,用不规则块石垒砌而成,内夯碎石和黄土。东侧墩台呈方形,约10米×10米,残高3—5米,就势建于大石头之上,用不规则块石垒砌,内夯碎石黄土。两座墩台相距13米,中间建有生活区,平面为4米×6米,残高0.3—0.5米,只留块石垒砌遗迹。天启二年的抗倭战争就是被此处瞭望哨哨长杨某最先发现,后将倭寇首领三大王斩杀于后嵯岭一带。

时家烽堠位于赤溪镇韭菜园村烟墩贡山山顶,海拔266米,是壮士所最北处的烽堠,往北与金乡卫的烽堠相连。其北对金乡卫的蒙湾烽堠(位于赤溪湾一南一北,直线距离3.7千米)、南对雷岙烽堠(直线距离3.1千米),形成东海防控视域体系。时家烽堠平面呈方形,边长约7米×7米,高约4米,整个烟墩内夯碎石与土,外用不规则块石垒砌。

高洋瞭望台位于马站镇联盟村高垟自然村高垟山巅,海拔181米,北对雷岙烽堠(直线距离2.9千米)、南对龟峰巡检司烽堠(直线距离3.5千米),形成东海防控视域体系。高洋瞭望台是壮士所设置之初最重要、最核心的烽火台,是区域信号发起点,其选择位置更近海岸,方便与台所辖官兵以及壮士所城建立联系;但是,由于小区域气候环境的影响,区域内常常烟雾缭绕,高洋瞭望台实际无法起到应有的作用,这也是壮士所城多次被攻,并且伤亡惨重的主要原因。因此,在明代中期壮士所城废弃后,高洋瞭望台也降为普通烽堠。高洋瞭望台由墩台和生活用房组成。墩台平面呈方形,外砌块石,中夯碎石与黄土,长7米×7米,残高3—5米;在其西北侧8米处有一方形生活用房,残高0.5—1米,三面砌墙,东面开口,边长2.2米×2.5米。

（2）蒲门所烽堠、墩台

县中烽堠位于马站镇霞关南关岛村(南关岛上),海拔155米(为岛上最高峰),分布于明代浙闽交界线上,军事、地理位置尤为突出,扼守沿浦湾、北关港,是蒲门所南端最前沿的烽堠。县中烽堠北通镇下门水寨烽堠(直线距离2.1千米),东望北关烽堠(直线距离5.8千米,两者之间为海域),西望分水隘烽堠(直线距离4.7千米,两者之间为海域),其中往北传递是其主要传递方向,属于原蒲门所海防体系。烟墩由一主四辅组成,呈东北至西南方向一字排列,两侧略小,中间大,中间主墩台呈方形,墩台外砌筑块石,中夯碎石与黄土,边长约7米;其余四个大致相同,尺寸略小,边长为5米。县中烽堠附近保存有清光绪年间由"浙江温州总镇吴、福建福宁总镇宋"会立的浙闽界碑一块。

四表烽堠东望程溪寨烽堠（直线距离3.7千米），南通镇下门水寨烽堠（直线距离3.8千米），北接龟峰巡检司烽堠（直线距离3.7千米），往西至蒲壮所城（直线距离3.2千米），位于海拔91米的内海海岸山包上，是蒲门所的端头式烽堠，集中收集所城东侧所有军事信息，最终传递至所城。该烟墩平面呈方形，残状长约7米，宽5米，残高约1—5米，外围用不规则块石叠砌，中夯碎石和泥土。

南堡烽堠位于马站镇南堡岭村烟墩脚自然村的烟墩山上，海拔319米，南望菖蒲洋寨烽堠（上岗山烟墩，已毁，直线距离2.2千米），北至蒲壮所城（直线距离2.2千米）。该烟墩由不规则块石叠砌而成，平面呈正方形，烟墩边长为7.2米，残高1.5—3米，西北侧用块石叠砌"之"字形十二踏步，墩台上用块石叠砌而成的"U"字形石墙，残高约1.2米，长3.5米，宽3米，墙内后侧砌一神龛，方形石柱6根，横梁3根。烟墩整体保存较好，内置石梁结构，上置石梁构架。南堡烽堠所处位置在清代乾隆年间得到沿用，修建为南堡瞭望台，现保留的设施主要为该时期修建。

分水隘烽堠位于沿浦镇沙岭村杨沟阁山东侧，是前伸海域的半岛前端，海拔117米，是所在半岛较高的山包。分水隘烽堠位于明代浙闽交界线上，军事、地理位置突出，扼守沿浦湾，是蒲门所前端蒲海和流江区域的烽堠，北望水竹瞭望台（直线距离1.5千米，主要传递方向），东望县中烽堠（直线距离4.7千米，中间为海域）。该烟墩依山势而建，平面呈方形，墩台外侧块石垒砌，块石散落，残长3米，宽2米，残高60—80厘米。该烽堠由于紧挨水竹瞭望台，且其功能与水竹瞭望台重叠，因此在明代中期两所合并后就直接遭到裁撤。

水竹瞭望台位于浙闽交接的白蓬岭，扼守沿浦湾，南侧瞭望流江、南镇等地，是海防要地。水竹瞭望台北望菖蒲洋寨烽堠（上岗山烟墩，已毁，直线距离2.2千米），南望分水隘烽堠（直线距离1.5千米），平面呈圆形，残破较严重，现尚存环型遗址。水竹瞭望台是区域信号发起点，其选择位置更近海岸，方便与台所辖官兵以及蒲壮所城建立联系。

程溪寨烽堠位于霞关镇柳垄村柳垄山巅，海拔202米，其与四向烽堠均临近，东北望壮士所的尖山烽堠（直线距离3.6千米），西北望蒲门所的四表烽堠（直线距离3.7千米），西南望镇下门水寨烽堠（直线距离3.7千米），东南望北关烽堠（直线距离4.1千米），平面呈方形，边长约为8米，残高2—4米不等，烟墩外砌块石，中夯碎石与黄土。

（3）其他烽堠

龟峰巡检司烽堠位于苍南县马站镇三墩洲村大炮手山山顶，海拔205米，其与三向烽堠均临近，东北望壮士所的高洋瞭望台（直线距离3.5千米），东望尖山烽堠（直线距离2.6千米），西南望四表烽堠（直线距离3.7千米）。该烟墩残存平面呈长方形，长约3米，宽约2.5米，烟墩外侧用不规则块石垒砌，残墙高50—60厘米，块石散落四周，内夯碎石、黄土。龟峰巡检司烽堠是蒲门所和壮士所的信号中转站，它的设立使区域军事信息传播更为完善、更加通畅。

北关烽堠位于马站镇北关岛烟墩山，属浙闽交界的海域上，在军事、地理位置尤为突出，扼守北关港，是蒲门所最前端的烽火台。北关烽堠海拔147米，是所处北关岛上最高的山体，其西南望镇下门水寨烽堠（直线距离4.8千米），西北望程溪寨烽堠（直线距离4.1千米）。该烽堠主墩台平面呈方形，边长为5米，残高1—4米不等，外侧垒砌块石，内夯碎石与黄土；辅墩台位于主墩台东面，形制同主墩台，总体略小，边长为4米。

镇下门水寨烽堠属于镇下关水寨管辖（金乡卫管辖的水寨），位于马站镇霞关村大埕自然村烽堠山巅，海拔271米，俯视沿浦湾、北关港。其东北望程溪寨烽堠（直线距离3.7千米），南望县中烽堠（直线距离2.1千米），东联北关烽堠（直线距离4.8千米），西北连四表烽堠（直线距离3.9千米），是一处十分重要的信息传递烽堠。该烟墩由四座墩台和两座生活用房组成，主墩台与1、2号墩台呈品字形合布，主墩台平面呈圆形，外侧用块石垒砌，中夯碎石与黄土，直径约为10米，残高2—5米。

表4-3 蒲壮所海防体系烽堠现状格局一览表

军事归属	序号	名称	备注
蒲门所	1	县中烽堠	一大四小方形结构，呈一字排列
	2	四表烽堠	单体烟墩，方形结构
	3	南堡烽堠	苍南境内保存最好的一处烽堠，单体烟墩，方形结构
	4	分水隘烽堠	单体烟墩，方形结构
	5	水竹瞭望台	位于两省交界的浙江省一侧，尚存少量遗存，圆形结构
	6	程溪寨烽堠	单体烟墩，方形结构
	7	菖蒲洋寨烽堠	已被破坏
壮士所	8	雷岙烽堠	为一主一辅结构，主体为方形，副墩为圆形
	9	尖山烽堠	为一主一辅方形结构，中间建有生活区
	10	时家烽堠	单体烟墩，方形结构
	11	高洋瞭望台	单体烟墩，方形结构；建有生活区
其他	12	龟峰巡检司	单体烟墩，方形结构
	13	北关烽堠	一主一辅方形结构
	14	镇下门水寨烽堠	由四座墩台和两座生活用房组成，主墩台与1、2号墩台呈"品"字形分布，主墩台平面呈圆形

（a）高洋瞭望台　　　　　　　　　　　（b）雷岙烽堠

（c）尖山烽堠　　　　　　　　　　　　（d）时家烽堠

（e）镇下门烽堠

图4-13　烽堠保存现状图

结合各方面因素分析，目前蒲壮所海防体系所保存的烽堠中，除已列为国保本体的雷岙烽堠、尖山烽堠、时家烽堠、高洋瞭望台四处墩台、烽堠外，保存相对完整、价值最高的为南堡烽堠、县中烽堠、镇下门水寨烽堠三座。

4.8 相关非物质文化遗产

海防遗产除了包括海防物质遗存外，还包括因海防建设衍生出的各类非物质文化遗产，是海防文化的独特体现。蒲壮所防区内因海防而产生的非物质文化遗产主要包括以拔五更为代表的传统民俗，以陈后英神传为代表的民间文学和以戚继光饼、白湾堡粽为代表的传统手工艺，它们见证了明代蒲门地区的御倭历史，更是苍南海防文化传承至今的重要见证。

（1）蒲城拔五更

蒲城拔五更为浙江省级非物质文化遗产，是蒲壮所城最重要的大型民俗活动。"拔五更"，俗称"拔老爷（当地人尊称晏公为老爷）"，亦称"跑五更""抬五更"。"拔五更"民俗活动流传至今已有数百年，据说该活动是明朝抗倭时期，为防止抗倭官兵在春节期间疏于训练而组织的，后与当地的"晏公信俗"相结合，便形成了这种驱魔辟邪的迎神赛会活动。

"拔五更"从正月初四开始至十六结束，历时十三天，内容丰富，有做道场、游四门、出巡、闹花灯、吃五更饭、落公馆、拔五更、抢杠、抢红等三十多个环节。活动的高潮便是在元宵节晚上，城内的青壮年要举行迎神赛跑活动。

表4-4 "蒲城拔五更"活动行程表

日子	时间	主要内容
正月初四	06：00 — 11：00	还杠还红、晏公下殿及坐硬轿、下殿福道场
	12：00 — 18：00	晏公与民同乐
	18：00 — 23：00	游街串巷（找巷）、拔天申（试跑）
正月初五、初六	06：00 — 18：00	晏公与民同乐
	18：00 — 23：00	游街串巷、拔天申
正月初七	07：00 — 11：00	晏公换坐软轿
	12：00 — 18：00	受拜受礼
	18：00 — 23：00	游街串巷、落人家
正月初八至十二	06：00 — 18：00	出乡讨红
	19：00 — 23：00	游街串巷、落人家
正月初十至十二	07：00 — 17：00	晏公回娘家探亲（任选一天）
正月十三、十四	06：00 — 18：00	受邀出巡、讨红、化香烛钱
	19：00 — 23：00	闹花灯、抬阁、游四门、看戏

续表

日子	时间	主要内容
正月十五	07：00—18：00	讨喜彩、化香钱
	18：00—19：30	闹花灯、抬阁
	19：30—21：30	晏公换坐硬轿、落公馆
	21：30—23：00	吃五更饭
	23：00—23：30	五更福道场
	23：30—23：53	拔五更
	23：53—01：30（次日）	抢杠、游四门
	01：30—02：00（次日）	落架
正月十六	06：00—11：00	晏公受礼、东庙做斛
	12：00—14：00	晏公洗澡
	14：00—18：00	送甲香
	19：00—20：30	游四门、放鞭炮
	20：30—21：30	抢红
	21：30—22：00	上殿福道场、安香火（西殿到此结束）
	22：00—24：00	东庙打爻杯、问卦、安香火
正月十七	07：00—11：00	整理物品、准备午宴
	11：00—14：00	吃福酒
	14：00—17：00	结账和张贴公布表
正月十七至十九	18：00—20：00	东庙西殿各派代表到对方庙殿进行相互礼拜

整个仪式活动主要以所城为空间范围，同时设计了晏公老爷出乡到城外李家井"探亲"，并巡游下在、甘溪、西门外等城郊村落的环节[①]，显示了蒲壮所城作为沿海卫所的区域中心地位。

（2）陈后英神传

陈后英神传依据当地明代抗倭英雄陈后英事迹演化而来。有关陈老事迹最早的文字记录见于明代项师契的《三蒲综核》，然后在清代由地方诗人华文漪撰写编辑成《后英庙神传》。陈后英神传主要包括后英英勇抗倭、砍头不死等故事。

（3）戚继光饼

明代嘉靖四十二年，戚继光率军入闽追击倭寇。不巧的是，在途经闽浙交界一带

---

① 有关"蒲城拔五更"仪式的详细情形，参见金亮希：《苍南县蒲城"拔五更"习俗——2002年正月迎神赛会纪实》；徐宏图、康豹主编：《平阳县、苍南县传统民俗文化研究》，民族出版社，2005年，第434—499页。

时，遇连日阴雨，军中无法开火。戚继光便下令烤制一种最简单的小饼，用麻绳串起挂在将士身上充当干粮。后来，这小饼流入民间，不但普遍食用，而且还成为祭祀神灵祖先必备的贡品。后人感恩戚公，便把这种小饼叫作戚继光饼，也称继光饼、光饼。继光饼在蒲壮所城流传甚广，现城里村民制作的继光饼名声远扬。

（4）白湾堡粽

据说自明代初期白湾堡建立以来，由于当地地肥鱼丰，少有战事，老百姓的劳作生活得到了极大的保障。当地百姓为了犒劳海防军士，自发地为军士们定期送来各种食物，当时有一家人包裹的粽子极有特色，得到了军士的喜爱（以当地生产的糯米为主要原料，用平时捕鱼所获的海鲜为辅料，采用独特烹制方法而成的粽子），而后各家各户相继学习工艺。自清末以来连年战事，当地百姓的基本生活也得不到保证，"白湾堡粽"工艺曾一度险些流失。

第5章 明代蒲壮所海防体系价值认定

5.1 与明代浙江海防遗产比较

5.1.1 明代浙江卫所分布

明清时期，浙江始终是中国东南部的海防中心，这是由地理环境、经济条件和战略格局共同决定的。浙江地处中国东南沿海，地形地貌复杂，水陆交通便利，物产丰饶，早在唐宋就是海外贸易十分发达的地区。"杭、嘉、湖平原水乡，是为泽国之民；金、衢、严、处丘陵险阻，是为山谷之民；宁、绍、台、温连山大海，是为海滨之民"①，连亘长江、钱塘水系，直面东海，沿海岛屿众多，多优良港口，水文地理复杂，江海联运，水陆交通，这样的综合地理环境对浙江行政区划乃至海上社会的发展影响显著。同时，浙闽正对日本，航路成熟，浙江亦有贡道过境，自日本而来的船只大多选择在浙江、福建一带登岸，因此浙江是明代海防的第一要区。

为了实施沿海防卫、抵御倭寇侵犯，浙江地区早在洪武初年就开始设置卫所，是明代全国最早设立卫所的地区。随着都司卫所制度的建立，浙江卫所的设置经历了一个从少到多、不断调整的过程。洪武早期，浙江都司下辖杭州前卫（原钱塘卫）、杭州右卫（原仁和卫）、台州卫、宁波卫、处州卫、绍兴卫、海宁卫、昌国卫、温州卫、临山卫、松门卫、金乡卫、定海卫、海门卫、盘石卫、观海卫、海宁千户所、衢州千户所、严州千户所、湖州千户所等②，由此形成浙江主要的军卫系统。此后出于构筑防线的需要，卫的数量基本不变，而千户所有所增加，特别是沿海千户所。

洪武十七年，明太祖命信国公汤和巡视浙江、福建沿海，筹划海防之策。汤和采用了方鸣谦"请量地远近置卫所，陆聚步兵，水聚战舰"的建议，逐步在浙江沿海地区开设卫所、修筑城池，至洪武二十年，建成卫所城池59处，奠定了浙江沿海防卫的基础体系。浙江可谓是明代海防建设的先行区和样板区，随后中国沿海的其他地区参

---

① （明）王士性：《广志绎·卷四·江南诸省》//《元明史料笔记丛刊》，中华书局，1981年，第68页。

② （清）张廷玉：《明史·卷九十·兵二》，中华书局，1974年。

照浙江的经验组织卫所建设，至宣德初年，卫所建设工作基本完成。嘉靖年间浙江地区的海防体系已基本稳定下来。明万历年间，浙江都司下有16卫、36千户所，其中5所直隶于都司、31所隶属于卫，大部分都属于沿海卫所（图5-1）。

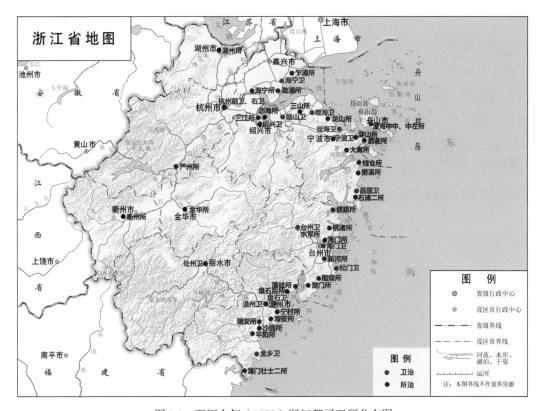

图5-1　万历十年（1582）浙江都司卫所分布图

　　浙江卫所按照所处地理环境的不同，可以分为内地卫所和沿海卫所两类，呈现出沿海严密、腹里稀疏的空间地理格局，其中以沿海卫所居多，这也是浙江卫所分布最重要的特征。诸多明代典籍都对浙江的内地卫所和沿海卫所数量进行统计，但由于判定标准不同，数据存在差异。嘉靖《浙江通志》记载："卫所在内地者主守御，沿海者主备倭。卫在内地七而沿海者九。卫各五所，其外又特设所三十四，在内地者六，而沿海者二十八。"[①]按此记载，则沿海卫所合计为三十七处。但《明史》明确提到浙

① （明）薛应旂：《嘉靖浙江通志·卷五十七·经武志》，成文出版社，1983年。

江沿海卫所为四十一处："浙中卫所四十一，战船四百三十九。"[①]《世宗实录》也说："国初建卫所四十有一，设战船四百三十有九。"[②]查《筹海图编》，所列的沿海卫所也是卫十一、千户所三十，合计四十一处。通过比较分析，笔者认为《筹海图编》作为政府牵头编著的抗倭军事资料，其对沿海卫所的描述还是相对准确的，即明嘉靖年间浙江沿海卫有11个，分别为海宁卫、绍兴卫、临山卫、观海卫、定海卫、昌国卫、海门卫、松门卫、盘石卫、温州卫、金乡卫；沿海所共30个，分别为金乡卫下辖的蒲门所、壮士所、沙园所，温州卫下辖的海安所、瑞安所、平阳所，盘石卫下辖的宁村所、蒲岐所、盘石后所，松门卫下辖的楚门所、隘顽所，海门卫下辖的新河所、海门前所、健跳所、桃渚所，昌国卫下属的爵溪所、钱仓所、石浦前后二所，定海卫下辖的大嵩所、霩衢所、穿山所、舟山中中、中左二所，观海卫下辖的龙山所，临海卫下辖的沥海所、三山所，绍兴卫下辖的三江所，海宁卫下辖的澉浦所、乍浦所，直隶都司的海宁所（表5-1）。

表5-1 明嘉靖年间浙江沿海卫所

所属政区	卫	所
嘉兴府	海宁卫	乍浦所
		澉浦所
杭州府	-	海宁所
绍兴府	绍兴卫	三江所
	临山卫	三山所
		沥海所
宁波府	观海卫	龙山所
	定海卫	穿山所
		霩衢所
		大嵩所
		舟山中中、中左二所 （又称定海中中、中左二所）
	昌国卫	钱仓所
		爵溪所
		石浦前后二所

---

① （清）张廷玉：《明史·卷九十三·朱纨传》，中华书局，1974年。

② 《明实录·卷三百八十八·嘉靖三十一年八月辛亥》，"中央研究院"历史语言研究所，1962年影印本。

续表

所属政区	卫	所
台州府	海门卫	健跳所
		桃渚所
		海门前所
		新河所
	松门卫	隘顽所
		楚门所
温州府	盘石卫	蒲岐所
		盘石后所
		宁村所
	金乡卫	沙园所
		蒲门所
		壮士所
	温州卫	海安所
		瑞安所
		平阳所

内陆卫所基本依托原有的府城而设立，沿海卫所除了温州卫、瑞安所、平阳所、定海卫、海宁所、海宁县与府、县同城，其余卫所皆为择地选址新建，其中石浦前后二所和舟山中中、中左二所同蒲壮所城一样，二所共用一城。

与其他地区相比，浙江沿海卫所呈现出数量多、密度大的特点，同时南、北也存在差异。以宁波湾为界，浙北平原地区卫所分布密度较小，几乎是均等地分布在陆路交通要道沿线；宁波以南沿海地区多为山地，岸线曲折，入海口众多，极大加强了设置卫所的难度，特殊的地理环境使得浙东南地区卫所分布密度较大（图5-2）。具体来说，宁、台、温沿海卫所分布较为密集，杭、嘉、绍三府布置相对稀疏。其中又以定海县、象山县及平阳县布置最为密集。

5.1.2　浙江海防遗存概况

浙江自古以来就是海防要津，明代初期即在此设立了40余处沿海卫所和诸多寨、巡检司、关隘、墩台、烽堠等海防设施，构筑了中国东南沿海最为严密、坚固的海防战线。这些海防设施大多位于重要的交通线路附近，由于年久失修加上后期遭受的建设性破坏，能完整保存下来的不多。其中，卫城已无完整保存者，所城仅有两处保存较完整，即苍

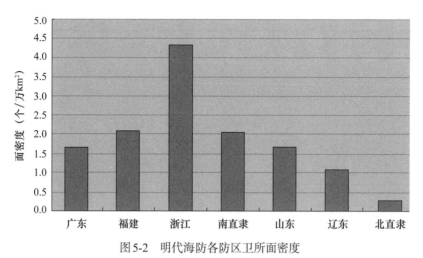

图5-2 明代海防各防区卫所面密度

（图片来源：尹泽凯，田林，谭立峰《明代海防卫所聚落空间分布规律研究》）

南蒲壮所城和临海桃渚所城，其余如三门健跳千户所、慈溪龙山千户所、象山石浦千户所和乐清蒲歧千户所等，仅局部保留有部分城墙、城门遗址等；寨以象山游仙寨保存相对较完整；巡检司则以海宁石墩巡检司略有保存，其他如苍南龟峰巡检司、慈溪三山巡检司城和三门蒲西巡检司城，都已不完整，仅留有一些门、墙遗址；民堡中有温州永昌堡，规模较大，保存相对完整，其余如苍南白湾堡、瑞安山皇堡、乐清寿宋堡等，规模小，保存情况较差；墩台、烽燧由于大多位于海拔较高的山岗地区，人迹罕至，保存数量最多，保存状况也相对较好，现钱塘江以南的各县市都有遗址遗存。

截至2020年7月，浙江明代海防遗产中共有14项被列为省级及以上文物保护单位，以卫所、寨、堡、巡检司等军事聚落遗址和烽燧为主。其中全国重点文物保护单位有蒲壮所城（包括壮士所城、白湾堡和巡检司遗址）、镇海口海防遗址、永昌堡、桃渚城4项，浙江省文物保护单位有游仙寨、镇海后海塘、总台山烽火台、嵊县古城墙、公屿烽燧、健跳所城遗址（含蒲西巡检司城）、大嵩所城遗址、石墩巡检司城遗址、下旧城遗址、泗边小鹿巡检司城遗址等10项（表5-2）。

表5-2 省保以上浙江明代海防遗存名录

保护级别	名称	年代	地点	批次
国保	蒲壮所城	明	浙江省苍南县	第四批
	镇海口海防遗址	明至近代	浙江省宁波市	第四批
	永昌堡	明	浙江省温州市	第五批
	桃渚城	明、清	浙江省临海市	第五批
	壮士所城、白湾堡和巡检司遗址	明、清	浙江省苍南县	第六批（归入第四批"蒲壮所城"）

保护级别	名称	年代	地点	批次
省保	游仙寨	明	象山县丹城镇赤坎村	第三批
	镇海后海塘	明、清	宁波市镇海区城关东北	第二批
	总台山烽火台	明	宁波市北仑区郭巨镇	第四批
	嵊县古城墙	明、清	嵊州市市区	第五批
	公屿烽堠	明	象山县爵溪街道	第六批
	健跳所城遗址（含蒲西巡检司城）	明	三门县健跳镇、六敖镇	第六批
	大嵩所城遗址	明	宁波市鄞州区瞻岐镇、咸祥镇	第七批
	石墩巡检司城遗址	明	海宁市黄湾镇	第七批
	下旧城遗址	明	临海市上盘镇	第七批
	泗边小鹿巡检司城遗址	明	玉环县沙门镇	第七批

在这些文保单位中，按照海防设施类型分类，共有5处属于卫所城池遗存，桃渚城和蒲壮所城两处卫所城池遗址保存最为完整，健跳所城、大嵩所城、下旧城仅剩部分城墙、城门遗址和炮台遗迹，海防体系完整性不足，海防设施保存状况一般。综合考虑遗产的海防设施类别、城池规模和遗存现状，桃渚城是与蒲壮所城及蒲壮所海防体系最具可比性的遗产。本书将桃渚城与蒲壮所城及蒲壮所海防体系进行比较分析，以探究蒲壮所城本身在选址布局、规模、遗存现状等方面的特点及蒲壮所防区在明代浙江海防体系的独特地位。

5.1.3　与桃渚城的对比研究

桃渚所城位于今浙江省临海市桃渚镇城里村，是浙江境内除蒲壮所城外唯一一处保存较为完整的明代卫所城池。桃渚所始建于明洪武二十年，是汤和最早建立的五十九城之一，隶属于海门防区，是台州府外海防御链的重要环节。桃渚所城最初设于桃渚口南岸，地理位置与壮士所城相似，距海岸极近，这样的城池选址虽然能在最早的时间对倭寇进行阻击，但也使得所城更易遭受倭寇进攻。出于城池安全的考虑，桃渚所城在宣德四年（1429）和正统八年（1443）两次迁城，按照时间先后顺序将三座城池分别称为下旧城、中旧城和上旧城。由于下旧城、中旧城废弃已久，海防遗迹大多不存，因此本文所说的"桃渚所城"即以上旧城为主。

海门防区以海门卫、海门前所、新河所、桃渚所、健跳所"一卫四所"为核心，桃渚所位于海门卫与健跳千户所之间，主要负责控守其东面的桃渚港。桃渚港虽然细小弯曲，且河渚众多，但其两侧大部分为海积平原，少量丘陵夹杂其中，倭寇入港后，可以由此发散，甚至可以直接威胁台州府城，其战略地位尤为突出。

（1）地理环境

桃渚一带地形西高东低，桃渚港从桃渚所处出山，经中城、新城等地蜿蜒东流入海，桃渚港流域地势较为平坦，也分布着一些山头，主要在偏内陆一侧。桃渚所城出山口附近分布有桃江十三渚，在明代中期尚为海湾和浅海滩涂，明正统八年（1443）黄淮用"海崖之巅，势甚孤悬，适足以饵寇，且潮汐冲激，弗克宁居"[①]的话语来描述中旧城的形势，可见桃渚所城东侧主要是沿海滩涂和河流三角洲混杂，尚未形成完整成片的陆地，此后随着桃渚港入海三角洲的发展，至清同治年间北侧的蛟巃山（今大尖山、蒲兰头一带）与大陆连成一片方才大致形成今日之局面。

（2）海防体系

按《筹海图编》记载，桃渚所下辖墩台一处，为桃渚台；烽堠十二处，分别为石柱、停峙、长跳、涸井、苍埠、大荆山、狮子山、峙头、肥孛头、下旧城、望火楼、中旧城[②]，其中最北为肥孛头，即今浦坝港港口，最南为下旧城，即今临海市磊石坑村附近。除此之外，还有一处蛟湖巡检司和武曲隘、大鱼西隘、小鱼西隘等关隘（图5-3），所城、墩台、烽堠、巡检司、隘共同构成了桃渚所防区的主要骨架。根据地理位置和《筹海图编》中的《沿海山沙图》分析可知桃渚所防区的控制范围大致为浦坝港至门头港一带。

与蒲壮所海防体系相比，桃渚防区的陆上海防设施布局相对简单，区域内也没有寨、堡一类的小型军事聚落，兵力布防以桃渚所城为核心，外围主要依靠烽堠、墩台和关隘瞭哨预警系统，这是由其地理环境所决定的。桃渚防区近似圆形，防区内的山体大多位于靠内陆一侧，东面沿海一侧多为平原，视野开阔，烽堠瞭望示警能充分发挥作用。而蒲壮防区位于浙闽交界，东、南两侧均面海，守备任务重，再加上防区内山峦起伏，地形复杂，烽堠预警易出现盲区，因此设置有蒲门所、壮士所分别守御南、东两侧，防区面积也略大于桃渚防区，同时依靠所城、巡检司、寨城、堡等形成多点兵力布防，有效阻击倭寇，明代多层次的海防体系及其作用在这一地区体现得尤为充分。

① （明）黄淮：《介庵集·卷九》//《四库全书存目丛书·集部26》，齐鲁书社，1997年。
② （明）郑若曾：《筹海图编·卷五·浙江兵制》，中华书局，2007年。

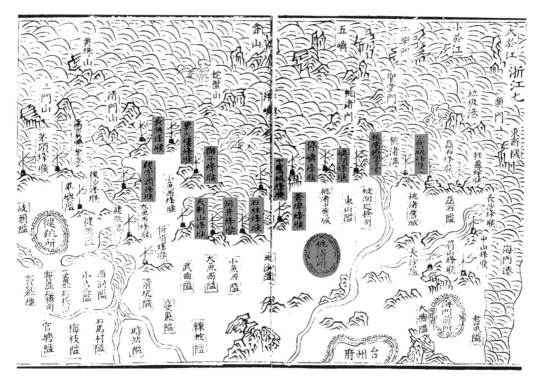

图5-3 桃渚所与其下设墩台

（图片来源：根据《筹海图编》改绘）

（3）城池格局

桃渚所城平面近似方形，周长1366米，北、西、南三面环山，东面临海，北面一部分山体包括在城墙之内。城墙高4.5—4.6米，顶宽5米，基宽10米。城池东、西、南三面设门，东门为正门，均设瓮城，并在东北设一水门，另设敌台14座。城内以连接东、南、西三处城门及北侧山体南麓的东西向道路形成的"干"字形路网为骨架，沿街布置关帝庙、鼓楼、文昌殿、戏台等公共建筑和大量民居。所城东北角设置衙门和小校场，城外西北角另设校场。

从城池总体格局上看，桃渚所与蒲壮所十分相似，二者均以北侧山体作为天然屏障，并将其包括在城墙之内，体现了古代城池选址因地制宜的特点和城池营建中"天圆地方"的思想。相比之下，蒲壮所城由于城内设有两所，其规模略大于桃渚所城，平面形状更为自由，将北侧山体全部包括在内，与自然地形的结合更为紧密。同时，由于二所共用一城，但管理体制仍旧分开，蒲壮所城内军营、官署等军事设施甚至寺庙一类的公共建筑都形成东西分置两处的局面，这与桃渚所城的建筑布局存在很大不同。

（4）遗产保存现状

蒲壮所城和桃渚所城的保存现状类似，城池格局和由城门、城墙、护城河等组成的城防体系基本完好。由于二者都在清初经历迁界，因此城内原有明代建筑多已不存，现存古建筑一部分为复界后按明代原位置复建的宗教建筑，另一部分为清代及民国新建的各类公共建筑和民居。除了物质遗产外，与桃渚所城相比，蒲壮所城还保留有蒲城拔五更、戚继光饼等大量见证明代海防历史和城池发展的非物质文化遗产，是海防文化的活态传承，具有独特的意义（表5-3）。

表5-3　蒲壮所城和桃渚所城保存现状表

保存现状	蒲壮所城	桃渚所城
城门及瓮城	保存完整	西瓮城于20世纪50年代被拆开一个3.6米宽的缺口
城墙	保存状况较好	保存完整，西城墙局部坍塌
护城河	格局完整保存，部分驳岸改为硬质景观河岸	仅余东面护城河
街巷市政	街巷格局保存完整，路面大多改为水泥；城内排水道保存完好	街巷格局保存完整，路面大多改为水泥
公共建筑	陈后营庙·墓、东庵、西庵、城隍庙	天妃宫、关帝庙和观音堂
民居	九间宅、郭宅、金宅	鹤峤书院、柳氏古宅、郎家里古宅、郎德丰古宅
其余物质遗存	碑刻、古井、街心石	摩崖石刻、石碑、古井
非物质文化遗产	蒲城拔五更、戚继光饼	-

从海防体系的保存现状来看，桃渚防区内除了保存完整的桃渚所城外，外围仅剩部分城墙的下旧城遗址和狮子山烽堠等少数几处烽堠，海防体系保存不完整。蒲壮所海防体系除了蒲壮所城保存完整外，还保留有壮士所城、巡检司、程溪寨、菖蒲洋寨、白湾堡（七溪寨）和各类烽堠、墩台等多处海防遗址，各层级的海防设施均有保存，海防体系的空间结构相对完整。

综上所述，蒲壮所城和桃渚所城是浙江保存最完整的千户所城，蒲壮所城建造时间早于桃渚所城，二者在城池格局、城防体系构成、物质遗存现状等方面高度相似，是明代浙江海防城池建设的杰出代表。由于蒲壮防区内同时布置有蒲门所、壮士所两处千户所，因此其防区范围和城池规模更大，海防体系更加复杂多元，既包括千户所、寨、巡检司、堡、烽堠、墩台等不同等级、规模的海防设施，还包括以蒲城拔五更为代表的海防非物质文化遗产，体系保存完整性也优于桃渚所城所在区域的海防体系。

5.2　与全国其他地区的海防遗产对比

5.2.1　全国海防卫所分布

明帝国的疆土分别属于行政系统和军事系统管辖，其中，六部—布政使司—府—县属于行政系统，五军都督府—都指挥使司—卫—千户所属于军事系统，两大系统并置，均由都察院及其派出的巡按御史——提刑按察司进行监督。

明代文献中一般将卫所分为两类，在内卫所和在外卫所，"在内卫所"是指在南京、北京的卫所，"在外卫所"又可以按照地理区位分为沿边卫所、沿海卫所、内地卫所三类。

在内卫所在洪武、建文年间集中于南京一带，永乐时期迁都抽调了部分官军北上，有一部分仍然留在南京。考虑到京畿地区的战略地位，两京在内卫所的数量和军额密度比在外卫所要大得多，分京营和亲军都护府，京营又分南京京营和北京京营，共设卫35个，主要负责京师的守备；亲军都护府设卫12个，主要负责皇宫的守卫、皇帝的护驾等项事宜，亲军都护府由皇帝直接指派的亲信大臣统辖，不受兵部领导。

明初按地域划分都司使司23个，所辖卫所347个，其中在外卫所占绝大多数。其中的沿边卫所广泛分布在从东北到西北，以至西南的边疆地区，这些地区在明代（尤其是明初）一般不设行政机构，均由都司（行都司）及其下属卫所管理。沿海卫所的性质与沿边卫所相似，只是地理位置存在差异，主要分布在经济比较发达、人口密度较高的沿海地区。一般来说，明初沿海卫所与附近州县的界线比较清楚，治所与府、州、县同城的很少。后期随着倭寇入侵加剧，一些府州县的衙门迁入卫城，卫所辖地与人口也有民化的趋势。内地卫所同样处于人口密集的州县之中，辖地往往比较小而分散，大多数的卫所治所与府、州、县治同城。

在卫所制度下，沿海卫所构成了明代海防体系建设的主体和核心，沿海卫所主要分布在辽东、北直隶、山东、南直隶、浙江、福建、广东等东部地区。按《筹海图编》，洪武一朝沿海（包括长江下游两岸）各地设54个卫、99个所，353个巡检司，997座烽堠，按明代卫所的编制估算，整个沿海卫所兵力约40万，舰船千艘左右。范中义根据《筹海图编》各省《兵防官考》，结合其他文献考证列出了明代沿海卫所表，其中辽东9卫、7千户所，北直隶6卫，山东10卫、14千户所，南直隶（含沿江卫所）9卫、11千户所，浙江11卫、31千户所，福建11卫、14千户所，广东8卫、33千户所（表5-4）。

表5-4　明代沿海卫所表 [①]

地区	卫	所
辽东	广宁前屯卫、广宁中屯卫、广宁左屯卫、广宁右屯卫、金州卫、复州卫、盖州卫、义州卫、宁远卫	中前所、中后所、中左所、中右所（隶广宁中屯卫）、中右所（隶宁远卫）、中左所（隶宁远卫）、金州中左所
北直隶	山海卫、抚宁卫、卢龙卫、天津卫、天津左卫、天津右卫	-
山东	安东卫、灵山卫、鳌山卫、大嵩卫、靖海卫、成山卫、宁海卫、威海卫、登州卫、莱州卫	石臼所、夏河所、浮山所、雄崖所、大山所、海阳所、宁津所、寻山所、奇山所、百尺所、金山所、福山所、王徐寨所、胶州所
南直隶	金山卫、太仓卫、镇海卫、镇江卫、扬州卫、高邮卫、仪真卫、大河卫、淮安卫	青村所、南汇所、吴淞所、宝山所、崇明所、通州所、盐城所、泰州所、兴化所、东海所、海州所
浙江	金乡卫、温州卫、盘石卫、松门卫、海门卫、昌国卫、定海卫、观海卫、临山卫、绍兴卫、海宁卫	蒲门所、壮士所、沙园所、海安所、瑞安所、平阳所、宁村所、蒲岐所、盘石后所、楚门所、隘顽所、海门前所、健跳所、新河所、桃渚所、爵溪所、钱仓所、石浦前所、石浦后所、大嵩所、霩衢所、穿山后所、舟山中中所、舟山中左所、龙山所、三山所、沥海所、三江所、海宁所、澉浦所、乍浦所
福建	镇海卫、泉州卫、福州左卫、福州右卫、福州中卫、永宁卫、平海卫、镇东卫、福宁卫、漳州卫、兴化卫	六鳌所、铜山所、悬钟所、中左所、金门所、福全所、崇武所、高浦所、莆禧所、万安所、梅花所、定海所、大金所、南诏所
广东	廉州卫、雷州卫、神电卫、广海卫、南海卫、碣石卫、潮州卫、海南卫	钦州所、永安所、乐民所、海康所、海安所、锦囊所、宁川所、双鱼所、阳春所、海郎所、新会所、香山所、阳江所、大鹏所、东莞所、平海所、海丰所、捷胜所、甲子门所、靖海所、海门所、蓬州所、大城所、清澜所、万州所、南山所、新宁所、澄海所、儋州所、崖州所、昌化所、海口所、水会所

5.2.2　沿海卫所遗产概况

历经600多年的风雨变迁，明代海防设施比较完整保存下来的不多，一些卫城驻地原本是重要的集镇，经过之后的变迁、城镇建设等，多已遭到破坏。明代卫城现有迹可寻的约有28座，其中保存较完整的有辽宁省宁远卫、山东省靖海卫、河北省山海卫、福建省镇海卫四座（表5-5）。

---

①　根据范中义《筹海图编浅说》附录《沿海卫所表》汇总整理。

表5-5　明代沿海卫城遗址表

省/直辖市	市	名称	遗存现状
辽宁	葫芦岛	宁远卫	城有四门，城内鼓楼一座，牌坊两座，城门城墙保存完好
		广宁前屯卫	南门处一段土坡、上帝庙墩台
	锦州	广宁中、左屯（锦州）	城门残址
		广宁右屯卫	北墙址残段
	营口	盖州卫	城已毁，现仅存鼓楼
	大连	复州卫	只有城址遗迹
	鞍山	海州卫	城已毁，只存南部墙址
天津	-	天津卫	鼓楼、天后宫
河北	秦皇岛	山海卫	明代城墙建筑基本完好，主要街道和小巷大部保留原样
山东	威海	靖海卫	西、西南、东北城墙地基尚在，城内民居原格局犹在，中心有十字街道，通往东西南北四门
		威海卫	西墙环翠楼南、北两段，长约180米
		成山卫	北门保存完整，石基砖券，城墙现存西、北残段
	青岛	鳌山卫	大部分古迹毁损，今仅存遗址
上海	-	金山卫	仅余一段城墙基础
浙江	温州	磐石卫	现存两座烽火台遗址（沙头山、歧头山）
		金乡卫	护城河至今保存完好，丰乐亭，古井
	嘉兴	海宁卫	城墙残段
	宁波	临山卫	南门、土墙残段
		观海卫	护城河、几处古民居
		昌国卫	城墙遗址、城隍庙
	台州	海门卫	现存海门老街，为清末民初建筑群
福建	福清	镇东卫	现城垣的基址依稀可辨
	莆田	平海卫	仅存遗址
	泉州	永宁卫	现存残土墙长162米，高1米
	漳州	镇海卫	城墙部分残损，东西南北四个城门、明清民居、街巷尚存
广东	台山	广海卫	现存烽火台保存完整，旧哨所遗址
	茂名	神电卫	尚存钟鼓楼和护城河原迹
海南	琼山	海南卫	现存府城鼓楼

　　所城多分布于沿海村落，倚山面海，地理位置易守难攻，是明代抗倭战争中的最

前线。目前，有迹可循的明代所城约有40座，保存较为完整的有22座，其中山东省1座，浙江省4座，福建省8座，广东省7座，海南省2座①。其中以浙江的蒲壮所城、桃渚所城，福建的大金所、六鳌所、悬钟所，广东的大鹏所保存最为完整，城防系统、街巷格局及部分建筑皆有保存（表5-6）。

表5-6　明代沿海所城遗址汇总表

省份	所属都卫	所城名称	遗存现状
山东	成山卫	宁津千户所	尚存城墙残址
		寻山千户所	尚存城墙残址
	威海卫	百尺崖千户所	仅存西北角城墙残址
	-	奇山千户所	尚存街巷格局、部分民居
	灵山卫	夏河寨千户所	城北门西北角处残留二段
	鳌山卫	雄崖千户所	南、西城门和门边城墙遗迹；古石板十字大街；大量古代民居、数条古巷；古城周边遗留多处古代遗址
江苏	太仓卫	吴淞江千户所	仅存零星城墙基址
上海	金山卫	南汇咀中后所	城墙残段
		青村中前所	老街格局、民居、古建筑
浙江	海门卫	健跳千户所	保留有部分城墙、城门遗址
	观海卫	龙山千户所	保留有部分城墙、城门遗址
	磐石卫	蒲歧千户所	保留有部分城墙、城门遗址
	昌国卫	石浦千户所	近10万平方米的完整明清建筑群；全城区19路36弄中，205米以上古街有6条
	金乡卫	蒲门壮士二所	城楼除西城楼已毁外，另二处尚存；城内街巷格局至今几无变动，道路狭窄；城内保留有多处古建筑及遗址
	海门卫	桃渚千户所	除西瓮城部分损毁，古城基本保存完整。以主街道为干，10余条古巷与之垂直相向，道路格局保存完整
	海宁卫	澉浦千户所	尚存西门城楼和部分城墙及护城河，南小街和北小街一带保存完好
福建	镇东卫	定海千户所	南城门（三重门）、城墙残段、几处明清古宅、部分古建筑（九龙禅寺、天后宫、城隍庙、真武殿、三官堂）、一座海防堡垒
		万安千户所	城墙遗址、街巷格局
		梅花千户所	东门一带城墙保存尚好；东西北三面残墙断续相连；南面两城墙已毁而基址可辨；部分民居，街巷肌理尚存

① 段希莹：《明代海防卫所型古村落保护与开发模型研究——以深圳大鹏村为例》，长安大学硕士论文，2011年。

续表

省份	所属都卫	所城名称	遗存现状
福建	福宁卫	大金千户所	保存基本完好，城内一条以条石拼铺的宽7米的大街直贯东西，长1200米
	平海卫	莆禧千户所	现在尚残存东、北二座城门和月城，以及120多丈的古城墙，城内青石铺设的十字街和城隍庙保存尚好
	永宁卫	福全千户所	现存元明清时期的建筑及其遗址71处；现古城东部、南部保存了部分清代城墙墙埂
		高浦千户所	两座历史建筑、城墙残段
		崇武千户所	古城墙保存完整，全部由花岗岩条石砌成，现状杂草丛生，部分地段被非法占用
	镇海卫	六鳌千户所	高约5米的古城墙全部为长条石砌筑，绕山腰一周，城内多为古老石屋、古榕树随处可见。城内有乾隆年间修建妈祖庙一座，现民居废弃
		铜山千户所	城墙、古建筑
		悬钟千户所	一部分城墙有所坍塌，基本城郭保存完好。现存城垣周长约1800米，东门、南门保存较为完整，南城门有瓮城，东西长13.2米，南北宽8.8米。城内有关帝庙
广东	南海卫	东莞千户所	城墙遗址、南门、路网格局、几处历史建筑
		大鹏千户所	城门（南门、东门、西门）、十字街、护城河和明清时期民居保存完好
		从化千户所	零星城墙遗址
	广海卫	香山千户所	零星城墙遗址
		新会千户所	零星城墙遗址
		海朗千户所	零星城墙遗址
		乐民千户所	西城门和夯土墙
		海安千户所	城东门、石板老街
		锦囊千户所	城墙残段、民居、街巷
	潮州卫	蓬州千户所	城墙残垣、民居、街巷、古建筑
		大城千户所	4个城门尚存，东西城垣尤为完整，民居街巷尚存
		海门千户所	城墙残段、南城门遗址
		靖海千户所	尚存1300米城墙，东门、北门、瓮城完整如初；城内北门一带的古老民居、石板老街保存完整
	碣石卫	平海千户所	较完整地保留四座城门楼、部分城墙、十字古街、部分古民居以及一批古寺庙、古文化遗址
		捷胜千户所	尚存十字街道、四城门遗迹、西北城墙角、古庙、民居建筑
	神电卫	双鱼千户所	东城墙遗迹、几处历史建筑
		宁川千户所	南城门

续表

省份	所属都卫	所城名称	遗存现状
广西	廉州卫	永安千户所	仅存城墙的夯土残垣，部分民居，大士阁（鼓楼）
海南	海南卫	崖州千户所	民居、部分城墙、南城门、几处历史建筑、十字街
		儋州千户所	古城现存西门、北门及其瓮城和两城门相连的城墙，东门、南门及部分城墙已毁，城基尚存；现存还有宁济庙、魁星塔、关岳庙、西门古道、太婆井、分司井、特色民居等建筑及州署遗址

5.2.3　国内对比研究

根据对全国重点文物保护单位的统计，截至2021年，除蒲壮所海防体系内的各个要素外，明代海防遗产共有10项被列为全国重点保护单位，分别为蓬莱水城和蓬莱阁、崇武城墙、兴城城墙、镇海口海防遗址、大鹏所城、永昌堡、桃渚城、儋州故城、中前所城和镇海卫城址（表5-7）。崇武城墙和兴城城墙均以城墙作为文物本体，主要价值在于城墙的规模、完整性和技术特点，城内格局和建筑风貌保存一般，其余8项的文物本体均涵盖城池整体和城内建筑遗存，此外镇海口海防遗址和大鹏所城还包括城池以外的炮台、烟墩等附属设施。而蒲壮所城作为国保之一，遗产要素不仅包括蒲壮所城、壮士所城两座城池，还包括隶属于所的烽堠遗址，以及卫所制度以外的巡检司、民堡等海防设施，其海防体系的完整性在全国范围内首屈一指。因此，本节将蒲壮所城与国保名录中城池整体保存状况较好的卫所城池遗产对比，包括大鹏所城、儋州故城和中前所城三处，从卫所所处的海防体系及城池历史、选址、格局、遗产保存和价值特征等方面出发，探究蒲壮所海防体系及蒲壮所城在全国范围内的独特地位。

表5-7　全国重点文物保护单位中的明代海防遗产[①]

序号	名称	年代	地点	批次	设施类别
1	蓬莱水城和蓬莱阁	明	山东省蓬莱区	第二批	水寨
2	崇武城墙	明	福建省惠安县	第三批	千户所城
3	兴城城墙	明至清	辽宁省兴城市	第三批	卫城
4	蒲壮所城	明	浙江省苍南县	第四批	千户所城
5	镇海口海防遗址	明—近代	浙江省宁波市	第四批	一般军事堡垒
6	大鹏所城	明、清	广东省深圳市	第五批	千户所城
7	永昌堡	明	浙江省温州市	第五批	民堡

①　笔者根据国家文物局公布的第一至第八批全国重点文物保护名单统计。

续表

序号	名称	年代	地点	批次	设施类别
8	桃渚城	明、清	浙江省临海市	第五批	千户所城
9	儋州故城	唐至清	海南省儋州市	第六批	千户所城
10	中前所城	明至清	辽宁省绥中县	第六批	千户所城
11	壮士所城、白湾堡和巡检司遗址	明至清	浙江省苍南县	第六批（归入第四批"蒲壮所城"）	千户所城、民堡、巡检司
12	镇海卫城址	明	福建省漳州市	第七批	卫城

（1）崇武古城

崇武古城位于福建省泉州市惠安县崇武镇，是明代崇武千户所驻地，隶属永宁卫。明洪武二十年（1387），为抵御倭寇侵犯，朱元璋命江夏侯周德兴前往福建建立卫所、按籍抽兵，建立完整的海防体系，崇武千户所即为此时所设。

福建同浙江一样，是明代海防形势最为严峻的地区。崇武位于福建中部的泉州府正东，西连大陆，北隔大港，南隔泉州湾，东临台湾海峡，是一处东西长、南北段的狭长状半岛，对保障惠安县城及泉州府城十分重要，宋代即在此设立军事设施。崇武半岛地形破碎，以剥蚀台地为主，东、西两段多小山丘，中部为一狭窄沙地，具有良好的登陆条件。出于地形限制和战略布局，崇武所城选址在沙地西侧、贴近崇武港的莲花山上，一方面以自然山体作为天然屏障，另一方面能有效扼守通往内陆的通道。

明代崇武千户所下设寨1处，烽堠22处[1]，覆盖惠安县东南沿海区域。此外，在崇武所至北侧莆禧所之间、泉州府境内还有獭窟巡检司、小岞巡检司、黄崎巡检司、峰尾巡检司等四个巡检司，均建有巡检司城，按照当时建置来看，亦属崇武千户所统领，千户所城、巡检司城、寨、烽堠等不同等级的军事设施共同构成了崇武所海防体系，防卫北至泉州、兴化两府交界，南至泉州湾的广大沿海地区。

崇武古城为明洪武二十年修建，此后多次增建和修复，完整保存至今。根据《惠安县志》记载："周围七百三十丈，基厚一丈三尺，高连女墙二丈一尺，为窝铺二十有六，城四方各辟一门，建楼其上；二十八年，千户钱忠重修门楼；永乐十五年都指挥谷祥等增旧城高四尺，及砌东西二月城各高二丈五尺。"[2]城墙现状实测2567米，城连女墙共高6.3米，城墙厚4.54米，与县志记载基本一致，可见崇武古城于明嘉靖年间基

---

① 肖采雅：《明代泉州区域海防及其与海外贸易政策的关系》，《海交史研究》2016年第2期，第111页。

② （明）张嶽：《嘉靖惠安县志·卷八》，明嘉靖刻本。

本建设成熟。古城平面呈莲花形，四面皆设城门和城楼，东、西、北三面设瓮城。崇武古城城墙采用规格各异的花岗石砌筑，历经600余年依然完整，是我国现在保存最为完好的石筑城墙。

城内整体地势平坦，以不规则的十字交叉形街道作为主街，同时还有东西向的一条道路贯通环城道路，与四个城门和军营相通。其余街巷密集不规整，街巷和街坊尺度较小，体现出以步行为主的空间尺度和军事防御功能。街巷整体格局保存完整，路面原为碎石，近年来改为方石块和水泥铺砌。所公署位于中心偏北，是全城的政治军事中心，公署内设有镇抚司、监牢、文卷房、军器库、铁局等，城内还设有军营坊，可惜这些军事相关建筑都未保存下来。古城内保存的传统风貌建筑以祠庙建筑和官式大厝民居为主，大多数建于清末民国，关帝庙、东岳庙、云峰塔和崇武灯塔等处始建于清代以前，是崇武古城多元信仰和地理环境的独特见证。

综上，崇武古城和蒲壮所城一样，都是明代浙闽一带重要的沿海卫所驻地，与周边的巡检司、寨、烽堠等军事设施共同构成基层海防体系。从海防体系的保存状况来看，蒲壮所海防体系的结构更加复杂，同时包含都司卫所制度下的设施和关隘一类的地方军设施，体系保存完整性也优于崇武所城。从城池本身来看，蒲壮所城的城池规模和城防系统保存现状稍逊于崇武所城，但其城内整体街巷格局和建筑遗存保存状况相近，且蒲壮所城"一城两核"的城市结构更为独特。

（2）大鹏所城

大鹏所城是明代广东都司统管下的守御千户所，位于今广东省深圳市龙岗区大鹏镇鹏城村。洪武元年（1368）二月，明太祖平定广东后命朱亮祖卫戍沿海要冲[①]，洪武十四年（1381）开始增设广东防区沿海卫所[②]，同年八月，设立南海卫以及大鹏、东莞、香山三个守御千户所。洪武二十七年（1394），大鹏所城建城[③]。

大鹏所城所在的大鹏半岛地理位置十分重要，位于明代广州府与惠州府交界处，且岛上多山，一直以来就是军事防卫的薄弱地区。大鹏所东侧与平海所隔大亚湾，西侧与东莞所之间为大鹏湾，是从南部海上进入广东的必经之路，嘉庆《新安县志》称"大鹏所，则毗连平海，防御惠潮，亦重镇也"[④]（图5-4）。从大范围的战略布局来看，

---

① （明）黄佐：《嘉靖广东通志·卷七·事纪五》，嘉靖四十年刻本。

② （明）黄佐：《嘉靖广东通志·卷三十一》，嘉靖四十年刻本。

③ 黄文德：《明"卫所制度"与大鹏所城建城》，《中州今古》2003年第3卷，第12—15页。

④ （清）舒懋官，王崇熙：《嘉庆新安县志·卷十二下》，清嘉庆二十五年刊本。

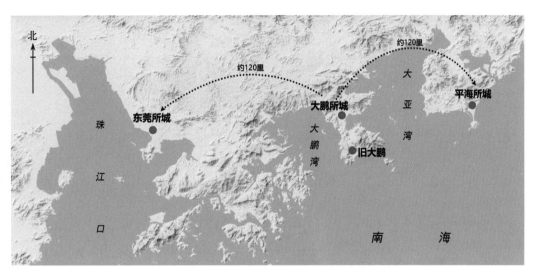

图5-4　大鹏所城的战略位置分析图

大鹏所同南海卫与东莞所共同守卫珠江口东岸，形成广州的海防左翼。

《全边略记》记载"合兰洲为大鹏所界"[①]，大鹏所城防区以大鹏半岛为核心，兼顾两侧的大亚湾和大鹏湾。防区海防体系整体与蒲壮所海防体系类似，以大鹏所城作为核心阵地，其余的寨台、烽堠、巡检司等海防设施呈放射状分布在四周，海上亦有中央水军和所城船队巡防。根据《筹海图编》记载，大鹏所城设有七处烽堠，分别为叠福烽堠、盐田烽堠、野牛澳烽堠、水头烽堠、沙澳烽堠、凹背、旧大鹏烽堠（图5-5），海澳防守旗军84名。位于甲子港的碣石寨西至大星山，与南头兵船会哨，取大鹏所结报，在巡洋会哨阶段也是大鹏半岛防区的重要组成部分。

与蒲壮所海防体系不同的是，大鹏所除了构筑海上巡逻防线外，还在龙岐海澳水下修筑了一道实体防线，即"水下小长城"，是水下的一道堤坝，中间开口，可容自己船只出入，敌船不知，船舵往往被水下石篱卡住，不得进退。

据《新安县志》记载，大鹏所城周边设有五处烽堠，"野牛墩、大湾墩（大坑墩）、旧大鹏墩、水头墩、叠福墩，以上五墩每墩驻守旗军五人，大鹏所拔"[②]，皆为明洪武年间建造。

大鹏所城的地理环境与蒲壮所城十分类似，位于海湾内的沉积平原上，背山面水，地势北高南低。大鹏所城北倚排牙山（古作大鹏岭），南面正对大鹏山（今作七娘山），左右东西山为护砂，形成了一个天然的避风港，易守难攻。同时大鹏所东南侧又有龙

① （明）方孔炤：《全边略记·卷九·海略》，内蒙古大学出版社，2006年，第492、493页。

② （清）靳文谟：《康熙新安县志·卷八·兵刑志》，清康熙刻本。

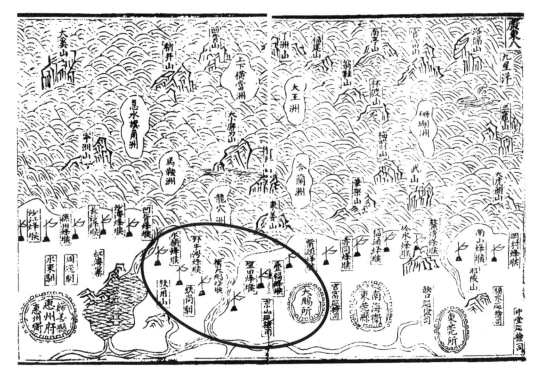

图 5-5　大鹏所城防区

（图片来源：根据《筹海图编》改绘）

歧海澳可停泊战船，出海平寇，占尽地利。

　　大鹏所城的整体规模相对蒲壮所城较小，文献记载其周围三百二十七丈六尺，是明代广东城池周长最小的所城，是一种集约型的城池布局形式，更易防守。明朝中后期，广东沿海卫所官兵数量减少，据《新安县志》记载，大鹏所仅有"官三员，旗军一百三十三名"[①]。从军额也可以看出，大鹏所城规模不大。

　　蒲壮所城、壮士所城二者皆将北面倚靠的山体作为城池的一部分，城墙环绕在山体以外，形成"天圆地方"的整体形态。所设城门大多设置瓮城，以加强防卫。大鹏所城的平面格局则有很大不同，所城平面呈不规则梯形，南窄北宽，城池东西长约345米，南北长约285米，周长1200余米，占地11余万平方米。四面城墙均设城门和敌楼，不设瓮城，城内以连接四向城门的十字街道为主要路网，内部建筑布局沿轴线展开，衙署位于中心位置。城内保存的传统建筑大多建于清末以后，包括宗教建筑、将军府邸、普通民居、祠堂等（图5-6）。

---

　　① （清）舒懋官，王崇熙：《嘉庆新安县志·卷十一下》，清嘉庆二十五年刊本。

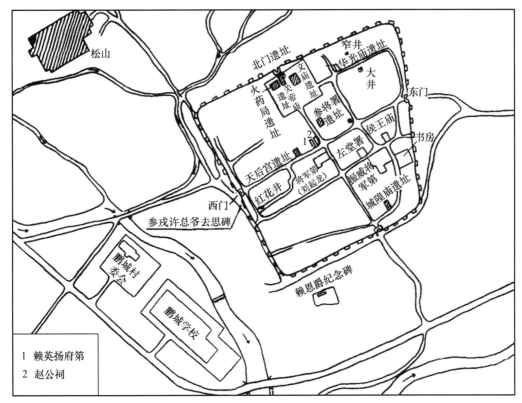

图 5-6　大鹏所城平面示意图

（图片来源：深圳博物馆《深圳考古发现与研究》）

大鹏所城城墙为黄泥沙与灰土夯筑，外包砖局部保留完好，砖长 39 厘米，厚度 5 厘米，错缝砌筑，收分明显，墙体下端为石块垒砌。而蒲壮所海防体系内的各类城池堡垒大多采用内部碎石与土夯实、外部石砌的构筑方式，形成不同的外观风格。

总体而言，大鹏所自身城池的保存状况尚佳，城墙、城门保存较为完整，城内道路格局也大体保持原状，建筑遗存以清代及以后的宗教建筑、民居为主，但其中军事设施遗存不足。同时，大鹏所城周边的海防设施多已不存，仅大坑墩（大湾墩）保存有墩台遗迹，从遗产保护的角度来看，大鹏防区明代海防体系的完整性不足。相比之下，蒲壮所海防体系内所城、巡检司城、寨城、烽堠、墩台皆有遗存，完整体现了"御海洋，固海岸，严城守"的海防空间层次。

（3）儋州故城

儋州故城位于海南省儋州市中和镇西边村附近，又称中和古城，始建于唐武德五年（622）。明洪武七年（1374），海南卫添设中、前、后 3 个千户所，前、后二所分别守御儋、万二州，这是万州守御千户所与儋州守御千户所的前身。洪武二十年（1387）置儋州守御千户所于儋州，隶海南卫。

海南岛四面环海，大小海港遍布全岛海岸线，中部山林环绕，地势自海岸向中心不断升高，卫所皆环岛分布，依托沿海平原设立。儋州故城位于海南岛的西路海岸，城址建设在北门江南岸地区的小台地上，区域地理环境与蒲壮所有很大的差别。明洪武年间，朝廷在海南岛集中设立了海南卫、儋州守御千户所、万州守御千户所等主要卫所。至万历二十八年（1600），海南共设立12个守御千户所，同海南卫一起将海南岛东路和西路的海岸线连接成一个整体，从而形成了一个里应外合、海陆兼备的防卫体系，以打击倭寇和镇压"黎乱"[1]。儋州故城位于西路海岸线的中间节点，港口条件好，最易受海盗和倭寇侵扰，因此其设立时间也要早于海南岛其他的守御千户所。从《万历琼州府志》记载的各所兵额来看，儋州守御千户所也是最多的[2]，足见其战略地位之重要。

除了卫所城池外，海南的海防体系还包括环岛设置的大量烽堠，按明《琼台志》记载，"旧制无烽堠，今于沿海紧关去处设立一百六座，差兵夫昼夜瞭望，遇警放烟，稽古制也"[3]。至明正德年间，减至85座（东路烽堠35座，西路烽堠50座），官兵和战船随之减少。其中，儋州千户所有烽堠十七处，分别为顿积、神碙、峨峁、峨曼、淌滩、淌源、淌浦、淌卜、洋浦、新英、大英、南庄、田头、沙沟、煎茶、誓村、大村，现多已杳无踪迹。

儋州故城遗存最早建于唐初，宋代沿用，元代因失修而受损。明初儋州故城进行了大规模翻建和扩建，明中叶后又历经多次改建。万历《儋州志》记载："国朝洪武二年（1369），知州田章始沿址开建。六年（1373），指挥周旺用石包砌。周围四百七十二丈，阔一丈八尺，高二丈五尺，雉堞八百一十四，更铺二十七。启门四，上各建楼，匾名东德化、南柔远、西镇海、北武定。外筑月城，亦启小门。沿城开濠，周围四百七十七丈，阔五丈，深八尺。四角各控马鞍桥，四门各架吊桥。隆庆间（1567—1572），知州陈德创建四角楼，今废。至万历三十三年（1605），知州赵存豫支动官银五十四两，立敌台六座。万历四十四年（1616），知州曾邦泰拆去城垛顽石，易以

---

① 黎族是海南特有的少数民族，明朝统一海南后，屡次遭遇黎族人民的反抗斗争，严重威胁了明廷在海南岛统治的稳定，因此海南的卫所除了抗击倭寇外，还需要镇压黎人起义。

② （明）蔡光前：《万历琼州府志·卷七·兵防志》，海南出版社，2003年，第322、323页。

③ （明）唐胄：《正德琼台志·卷二十一·海防》，明正德刻本。

方砖，每垛高五尺，广六尺，并修南北二楼。"[①]其中描述的城池规模、格局、城墙构造等信息都与现状遗存基本吻合，可见儋州故城在明初就已确定了基本的形制和轮廓。

儋州故城近似方形，周长约1600米，占地面积17.5万平方米。原为土城，明初城墙改为砖石包砌，设有东、南、西、北四个城门，均筑有月城和敌楼，城的外围筑有护城壕。20世纪50年代末，城墙大部分被拆除，仅武定门（北门）和镇海门（西门）两座城门的城台部分保存，城墙完整保留的约200米，残墙450米，基础尚存的城墙950米，残高3.6米。两座城门均设瓮城，为红黏土夯筑，外部用青条石砌筑加固，瓮门呈前、后双层门结构，其外用砖石混筑砌成加固。

城内以连接城门的"十"字形街巷作为主要骨架，街巷格局保存较为完整。城内保存有魁星塔、宁济庙、关岳庙、古井、州署遗址等古代建筑遗存和近现代的传统民居、骑楼建筑，明代与海防建设直接相关的军事设施大多不存。

从海防体系构成及其完整性、代表性来看，海南岛由于地理环境的特殊性，海防体系以千户所及相应烽燧作为基层海防单元，基本没有寨、堡、巡检司一类的海防设施，且烽燧多已不存；蒲壮所海防体系由千户所、寨、堡、巡检司、墩台、烽燧等多尺度、多层级的军事设施共同构成，更能代表明代基层海防体系的一般情况，且各层级设施均有对应遗存，体系保存现状较为完整。

从城池建设及相关遗存来看，儋州故城的历史更为悠久，城池建设的相关史料也更为详尽，见证了自唐至清的城池演变和社会发展，蕴藏有东坡文化、名人文化和丰富的地方特色文化。但其城防系统保存不够完整，城池面积较小，明代海防相关物质遗存数量少，缺乏与海防直接相关的非物质文化遗存，城池规模、战略地位和遗存现状都难以与蒲壮所城相提并论。

（4）中前所城

中前所城位于辽宁省葫芦岛市绥中县城西44千米今京沈铁路北侧，是辽宁现存最完整的"所城"。中前所城的历史背景、地理环境、城池格局、建筑风格等方面均与蒲壮所存在差异。

所城始建于明宣德三年（1428），原名中前千户所，隶属广宁前屯卫，属明代辽东镇军事防御体系中独立建置的一座所城。中前所城坐落在辽西走廊西端，南面渤海，北依燕山，是离山海关最近的一座关外城堡，又被称为"关外第一城"。永乐年间迁都北京后，开始加强北部沿海地区的海防建设，中前所城即为这一时期所建，以填补广

---

① （明）曾邦泰：《万历儋州志》，书目文献出版社，1991年，第41页。

宁前屯卫与山海关之间约60千米的军事缺口，强化辽东湾西侧的海防能力，更好实现对京师的拱卫作用。

中前所城整体保存完好，是明代关外126座所城中唯一保存较为完整的一座。据《绥中县志》载："明宣德三年指挥叶兴建置千户所于此筑城……正德戊寅年派指挥张渊守城，后黄宁继之。清康熙二十九年改设佐领骁骑校驻防，乾隆四十三年奉旨重修。"[1]又据《宁远州志》记载："中前所城，城（宁远，今兴城）西城一百六十五千米，明宣德三年指挥叶兴建。周围三里八步，高三丈，池深一丈，阔二丈，周围四里三百步。门三：东曰定远，西曰永望，南曰广定，今城池湮。"[2]《盛京通志》的记载与现在保存的城池规模基本一致。所城平面略呈方形，东西510米，南北502米。城墙现高8米，墙基6.3米，顶宽5.3米，基部为条石砌筑，墙顶女儿墙无存，场内中心有十字大街通向东、南、西三门，分别称定远门、广定门、永望门，原皆设有瓮城，现仅西门尚存。北面嵌石匾，刻有"中前所"三字。城门用青砖作六丁横拱券法砌筑，白灰填缝，门洞高6米，宽4.2米。在城门内侧，可沿斜坡式马道登上城顶。现唯东门马道尚残留遗迹。城墙四角有方台，现仅有西南隅方台保存完好。

城内原设有城隍庙、钟楼、鼓楼、草堂寺、石佛寺等，均毁于战火，仅存部分遗址。现存民居建筑大多是民国以后建设辽西的"囤顶"合院式建筑，很多因无人居住保存不善，现已破败不堪。

中前所城的军事防御设施和其他建筑在结构、材料、构造和工艺上都体现出明显的辽东地域特征，与蒲壮所城呈现出截然不同的所城风貌和特征。作为北方沿海卫所的典型代表和明代中晚期辽西地区军事活动的中心，中前所城见证了山海关内外文化、经济、军事上的互动。

5.3　蒲壮所海防体系价值

明代蒲壮所海防体系不同于一般的海防遗产，它涵盖了一定地域范围内所有互相关联的海防设施，不仅包括一个个单点分布的遗产，还包括彼此之间的互动关系。因此对其遗产价值的分析应当包括两个方面，一方面是各个单体遗存的价值，另一方面是对整个体系价值的全面剖析。

---

① 文镒，范炳勋：《民国绥中县志·卷四·外患》，民国十八年铅印本。
② （清）冯昌奕，王琨：《康熙宁远州志·卷二·城池》，民国辽海丛书本。

5.3.1 蒲壮所海防体系的整体价值

蒲壮所海防体系建设自明初开始建设，经历了数百年的发展演变，最终形成了一个分工明确、布局严密的系统。海防体系的整体价值强调的是基于整体性的价值体现，要远高于其构成体系中各遗产单体的价值。

蒲壮所海防体系是全国范围内保存最为完整的明代以"所"为核心的基层海防体系。体系包括千户所城、寨、巡检司、关隘、民堡、墩台、烽堠等军事设施和合理的兵力、战舰布防，形成"御海洋""固海岸""严城守"等多层次防御体系，体系完整、层次清晰，是研究浙江海防史、筑城史以及当地社会发展、历史沿革和历代军事建制的重要史料。

蒲壮所海防体系内的各类要素布局合理，体现了明代在"量地远近置卫所，陆聚步兵，水具战舰"的基本原则下因地制宜、据险而守的军事设防思想。其中环蒲海地区是整个防区内的重点布防区域，所城—巡检司—寨城—烟墩形成的布袋阵有效遏制了倭寇入侵，彰显了明代海防体系水陆相维、区域联防的特点。

蒲壮所海防体系坐落在浙江最南端，负责控扼自平阳赤溪浙闽交接处的广大区域，地理环境和地缘位置独特，是实施巡洋会哨制度的重要节点，发挥了守卫浙江南大门的独特作用。

5.3.2 蒲壮所海防体系单体遗存价值

（1）历史价值

各类军事设施的兴衰变迁一方面体现了明代海防政策和海防建设的发展演变过程，另一方面也展现了其所在地区倭患形势变化和沿海军民抵抗历史，是研究当地社会经济发展的重要资料。

蒲壮所城是全国唯一一处保存完好的两所共用一城的海防城池实例，其内部展现出了两套军事管理体系并行的城市格局，是独特的明代海防设施建设遗存。

（2）文化价值

蒲壮所海防体系内的各个军事聚落选址和平面布置都体现了中国传统的风水思想，负阴抱阳，背山面水。蒲壮所城、壮士所城呈现出"天圆地方"的平面格局，是中国传统"阴阳"思想影响古代城池建设的典型实例。

蒲壮所城留存的传统民居及公共建筑，其建造风格、装饰、材料等反映了明清时期浙南古建筑的特点，体现了人文、自然与建筑工艺的完美结合，是研究当地民间文化的宝库。

（3）科学价值

蒲壮所城、壮士所城、巡检司、寨城、白湾堡等城池选址体现了利用自然、改造自然的人地互动过程，依地形、水系而筑的城防体系、精心布局的瓮城和敌台等，是研究明代军事防御工程战略、战术思路的重要资料。

蒲壮所城、壮士所城、巡检司城、白湾堡城墙皆采用内以碎石、混合土夯实，外侧用不规则块石砌筑的方式，就地取材，是典型的南方山地丘陵地区城池砌筑方式，具有一定的科学价值。

（4）社会价值

蒲壮所城海防体系在浙南抗倭斗争中建立起不可磨灭的功勋，是浙南沿海人民抵御外侮、保家卫国的一座历史丰碑，涌现出了王山升、陈朝等爱国将领和陈老这样的爱国人士，沿海军民奋勇抗敌的精神对于今天的爱国主义精神教育具有不可替代的价值。

蒲壮所城、白湾堡等明代军事聚落在清代、民国都转化为纯居住性质的人类聚落并延续至今，其中蕴藏着众多与海防相关有形、无形文化遗产，包括由人们心理认同而集结起来的思维观念、宗教信仰、文化习俗等，对现在当地百姓的生活产生着潜移默化的影响。

第6章 蒲壮所海防体系保护利用建议

6.1 蒲壮所海防体系保护利用现状

蒲壮所城作为明代卫所制时期重要的海防文化遗产，很早就开展海防遗产的保护利用工作。早在20世纪80年代即成立义务文保会，1997年成立了苍南县蒲城文物保护管理所。1996年，蒲壮所城公布为第四批全国重点文物保护单位；2006年，在第六批全国重点文物保护单位公布时，壮士所城、白湾堡、巡检司遗址以及外围七处墩台合并归入第四批全国重点文物保护单位——蒲壮所城。2015年，浙江省人民政府公布了蒲壮所城全国重点文物保护单位的保护范围和建设控制地带。除此之外，还有多处巡检司、寨城、烽堠遗址被列为各级文物保护单位和保护点，实施重点保护。

近年来，苍南县文物部门致力于蒲壮所城的保护与利用，陆续完成《蒲壮所城保护规划》编制、"四有"档案建档和壮士所城考古勘探等文物基础性工作；积极落实文物修缮与消防安防工程，重点对蒲壮所城北段城墙、张琴故居、城隍庙、白湾宫等文物本体和一批文物建筑实施维修；有效推进东南城楼布展、VR全景图制作等文物宣传利用工作。文物保护稳步推进，文物利用渐入轨道，取得了一定的成绩，但其保护利用也面临不少困难。

目前的保护利用还是主要集中在交通设施、遗存情况等基础条件最好的蒲壮所城，依托古城开展海防主题文化旅游。对于其他遗存的保护利用缺乏系统规划和组织，壮士所城、巡检司遗址、白湾堡等城池遗产以考古发掘和现状保护为主，位于山顶、分布零散、规模较小的单点烽堠大多都以原状展示为主，没有进行合理的利用，缺少展示标牌，知名度低，人迹罕至。除此之外，自然灾害和人为建设活动对遗产的破坏，资金和专业人员不足，居民保护意识淡薄，保护与发展的矛盾等问题层出不穷，需要进一步探索保护利用适宜的方法和策略。

2021年，蒲壮所城作为明清海防遗址的重要组成部分被列入国家文物局组织印发的《大遗址保护利用"十四五"专项规划》，为蒲壮所海防体系的保护提供了新的机遇。

6.2 蒲壮所海防体系保护利用现存问题

6.2.1 遗产分布范围大，类型多样

蒲壮所海防体系涵盖所城、巡检司城、寨城、堡、墩台、烽堠等多种物质遗产，数量多、类型复杂，覆盖赤溪以南至浙闽交接的广大区域，分布范围广、点与点之间相距较远，且许多烽堠位于人迹罕至的山顶或岛屿上，交通不便，给遗产的监管和保护造成了难度，使得部分位于偏远地区的海防设施损毁严重。

6.2.2 基础研究不足

明代蒲壮所海防体系是一个庞大的系统，在从洪武至崇祯近300年的发展历程中，许多设施经历了兴废、迁址、功能转变等不同的变化。由于蒲壮所缺乏专门的志书记载，现存的古代文献资料主要是历代《温州府志》《平阳县志》中对相关海防建设过程和设施规模、位置只言片语的记载，加上明末距今已有近400年，许多海防设施早已不存，无法探明原有的位置和格局，摸清蒲门地区所有的海防设施遗存，因此难以对原有的海防体系做出十分清晰、准确的研究和描述。

为了弥补文献记载的不足，从20世纪80年代开始，地方文物部门就在蒲壮所城、壮士所城、巡检司遗址等处组织调查并开展考古发掘，探明蒲壮所海防体系内各个城池的原有格局和设施分布情况，以实施针对性的保护。但对于散布在外围的大量烽堠、寨城遗址调查和考古仍有很大不足。

6.2.3 资金来源单一

现有的保护资金主要来源于各级财政专项拨款，专门用于各级文物保护单位和文保点的保护。随着保护工作的全面开展，各级政府也加大政策和资金扶持，近年来的政府保护资金呈平稳增长趋势。因蒲壮所城面积大、遗存多，保护区划内必要的文物保护征地、环境整治、文物展示等资金缺口较大，现有的资金大多都用于几个主要城池的修缮、考古和环境整治，基本没有多余资金用于外围散布的各个点状遗产保护，亟须多渠道争取资金。

6.2.4　保护不成体系

现有的遗产保护还是以针对遗产的点状保护为主要手段，通过划定保护范围和建设控制地带，分级分类实施保护。但对于蒲壮所海防体系这样关联性和整体性较强的遗产，针对一个个单体的海防设施遗存实施保护并不足以实现对海防体系所有特征和价值的保护，只有将其纳入更广阔的历史地理背景中，强调对整个体系在运行机制、空间布局等方面的关联性特征和价值的保护，才能最大程度保护蒲壮所海防体系的完整性。

6.2.5　利益相关者诉求矛盾

在遗产的保护和利用中，其利益主体主要有遗产地管理机构、当地居民和外来游客，对于蒲壮所海防体系来说，主要的管理机构包括以蒲城文物保护管理所为代表的文物部门和以马站镇人民政府为主的地方政府。蒲城文物保护管理所作为遗产管理具体负责方，工作重点是按照国家各级文物保护单位的要求，依照法律法规进行保护，保障文物安全。地方政府关心的主要是当地社会经济文化的发展，推进蒲城保护与开发，通过发展文化旅游提升蒲壮所相关遗产的经济价值。当地居民大多对遗产保护意识淡薄，最主要的诉求是政府出资改善住房条件，提升生活水平，对于旅游开发大多持无所谓的态度，条件允许也愿意参与旅游经营获得收入。旅游者的诉求一方面是体验古城风貌和文化特色，另一方面是享受良好的旅游服务和配套设施，蒲城当前的状态能满足旅游者对于真实性的追求，但遗产旅游环境和服务还跟不上。

综上，当前利益主体间存在的主要矛盾，其实本质上就是两点：一是文化遗产保护与旅游开发的矛盾，文物保护对遗产内部及其周边的用地性质有明确的限制，城池格局、山水环境都应得到妥善保护，旅游开发需要引进资本和对基础设施进行改造提升，稍有不慎便会破坏遗产的整体风貌；二是文化遗产保护与居民生活的矛盾，文物保护要求保护街巷格局、沿街建筑风貌，居民要求新建或加高住宅，将会对城内的沿街立面和原有军事设施的视线通廊产生不利影响。

早年，由于缺乏规划管理，蒲壮所城的部分传统民居被拆除新建或改建，加上蒲门地区常年受台风等气象自然灾害的影响，遗产周边产生了许多自发建设行为，破坏了原有海防设施的格局和肌理，对整体风貌和单体遗产都产生了建设性破坏。

6.3　蒲壮所海防体系的整体性保护利用策略

海防体系遗产是由分布在不同空间、地域的具有巡逻、示警、守卫等功能相似或关联的海防离散个体所组成，是物质实体与文化价值并存的具有整体价值的遗产，各组成部分是为了维护一定空间范围内海上及沿海地区的安全、抵御外敌侵扰而设立，彼此间相互关联、相互依存，共同构成了海防体系。鉴于蒲壮所海防体系的遗产特征，笔者认为必须树立整体性思路，才能够延续一定地理防区内海防遗产共有的空间特征和文化特征，才能够有效保护海防体系各组成部分共有的海防历史环境，同时也有利于充分整合各类资源，对遗产进行充分利用，扩大历史文化遗存在文化、经济、社会等方面的综合效益。

6.3.1　空间层面——遗产保护与资源整合

（1）海防遗产本体的保护

个体遗产的保护修缮是海防体系整体保护利用的基础，由于整个体系涉及的遗产点众多，因此必须实施分级分类保护。对于已列为各级文物保护单位和文保点的海防遗产，按照《中华人民共和国文物保护法》和相关保护规划的要求实施保护。加强对外围其他海防设施的调查研究，进一步探明明代蒲壮所海防体系所有构成要素及其保存现状，针对性地制定保护措施。遗产本体保护应遵循最少干预、可识别性、可逆性原则，重保养、重预防的基本原则，采取的保护措施以延续文物历史信息、缓解损伤为主要目标，提倡日常保养，科学修复，以防为主，尽可能减少工程干预。同时，建设相应的安全监控系统、消防系统、防雷系统，并采取仿生物侵害措施，全方位守护遗产安全。

建立监测制度，每半年对各类物质遗产病害进行一次全面调查，查明病害类型、分布面积、严重程度，并作成因分析；定期或不定期对保护范围内文物保护设施和旅游设施进行调查、监测，对其运行情况进行评估；开展城墙精细化检测，做好城墙开裂、外鼓等现象的调查，建立和完善智能化检测体系。对周边水环境以及天气情况进行定期监测，遇洪水、水污染情况时，应加大频率，及时监测，实施全过程跟踪监测。

（2）海防遗产历史环境的完整保护

a.海防格局的整体保护

蒲门地区的明代海防格局是由明代的卫所城池、巡检司、民堡、关隘、墩台、烽堠等共同组成，作为蒲壮所海防体系空间格局的自然本底，地理环境是海防格局形成的基础条件。地处浙江最南端、浙闽交接，三面环山、一面出海的宏观地理条件决定了其重要的战略地位，进可上溯温台，下达闽地腹部，退可据守直接对抗倭寇登陆。这种山海相会的地理特征是蒲壮所海防体系布局的重要参考，沿浦湾、北关港群岛环列则形成天然的屏障，拓展防御纵深。因此"山海相会，群岛环列"的地理环境是保护海防格局的关键。

b.海防骨架特征的整体保护

明代蒲门地区的海防体系现存遗产主要包括"两所两司，两寨两堡"八个成规模的军事聚落，"两所"是蒲壮所城和壮士所城，"两司"是龟峰巡检司和大隔巡检司，"两寨"是菖蒲垟寨、程溪寨，"两堡"是白湾堡和城门朱堡。它们构成了蒲壮所海防体系的主体结构，具有重要的保护价值。

确定各个军事聚落的保护区划和保护要求，对其总体格局、城防系统、市政街巷、重要建筑和其他遗产要素实施分级分类保护，同时建立安全防护体系，完善基础设施，严格保护文物周边环境的完整和统一。

c.空间视廊的整体保护

军事视廊是古代海防体系的重要特征之一，是海防体系能否顺利运行的关键。一方面，沿海的卫所、墩台、巡检司占据高点直接观察海上和近海情况，另一方面处于沿海山体制高点的烽堠系统通过"日则举烟，夜则举火"的方式将军事信息一级级传递给各军事聚落。烽堠之间的视廊保留较好，但由于四处军事城池后期转为村庄用地，其周边均存在不同程度的建设活动，蒲壮所城、壮士所城的望海视廊和部分军事通廊受到一定的影响（图6-1），通过周边建设强度控制部分保留或恢复原有的军事视廊。

蒲壮所城护城河北侧以及蒲壮所城至南堡烽堠之间视廊范围内的所有用地按一类建设用地控制；护城河外东南侧，现已建成8.6公顷的现代社区，影响了所城向东望海及其与四表烽堠之间视廊，对于紧贴护城河的用地，建议逐渐腾退，调整为以非建设用地为主，其余区域考虑到居民生活需求设为三类建设控制地带。

壮士所城东侧是所城原望海通廊及其至雷岙烽堠视廊所在地，东侧龙魁线两侧建筑高度较高、连续体量较长，遮挡了古城城墙上东望大海的视廊，但棋子山城墙上望海视廊依旧存在。通过将晏公殿东侧用地设置为一类建设控制地带，尽可能保证壮士所城东向至海面之间的空间视廊不遭到进一步破坏。

（3）县域海防遗产整合统筹

苍南县海防文化底蕴深厚，唐代即设有相关军事设施，明初开始设置金乡卫、蒲

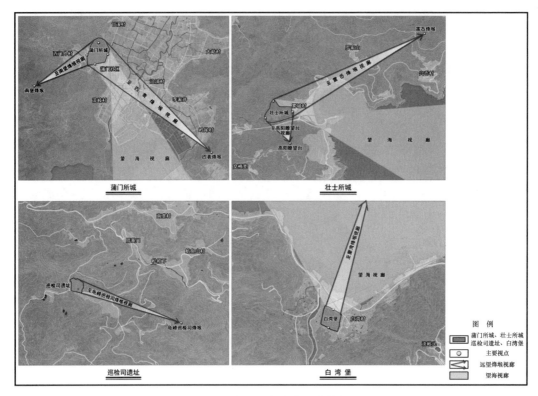

图6-1　主要军事聚落视廊分析

（图片来源：浙江大学建筑设计研究院有限公司《蒲壮所城保护规划》）

门所、壮士所等一系列军事设施，清代也是金乡寨、蒲壮营、蒲门巡检司、蒲门汛等海防设施所在地，至今保存有从卫所城池到城堡、营寨、烽堠、墩台等体系完整的明清海防物质文化遗存和以蒲城拔五更为代表的非物质文化遗产。其中，以蒲壮所城、壮士所城、巡检司遗址、白湾堡等为核心的明代蒲壮所海防体系是全国范围内保存最为完整的明代基层海防体系，此外金乡卫也保存有较为完整的城池体系，渔岙堡基本保存了原有的乡土建筑肌理和四周城堡、城墙和城门，戚继光抗倭营寨、烽堠等保存良好，海防文化遗产内容丰富、体系完整、保存情况良好。

在文旅融合的大背景下，应当把握蒲壮所城列入《大遗址保护利用"十四五"专项规划》的契机，在做好遗址保护的基础上，联合苍南县域乃至温州市域范围内的优质海防文化旅游资源，发挥规模效应，扩大文旅吸引力和影响力。通过文化博物场馆建设、公共文化服务设施提升、文化旅游演艺剧目融入、文化创意产品设计等方式，策划实施系列文旅融合新业态及新产品，打造国内具有显著地位和知名度、功能体系完整的海防文化旅游融合发展功能区，把苍南县培育为国内文旅融合改革发展示范区和文旅融合发展实践新高地。

6.3.2　文化层面——非遗传承和文化展示

（1）非物质文化保护传承

蒲壮所海防体系的相关遗产不仅包括军事聚落等物质要素，也包括以蒲城拔五更、陈后英神传等在内的丰富多彩的非物质文化。这些非物质文化遗产与长期以来的军事活动和聚落发展紧密相关，见证了海防聚落的历史演变，带有强烈的地域和文化特征，至今仍与居民日常生活保持着密切的联系，深刻影响着地区传统文化活动，是苍南海防文化的重要载体。

加强非物质文化遗产研究和挖掘工作，收集和保护史料和史迹，丰富蒲壮所城历史文化内涵，重点保护在蒲壮所城史上发生过重要影响的历史人物和历史事件的史迹、载体等。有效保护和展示蒲壮所城非物质文化遗产，积极推动各级非物质文化遗产申报工作，深化数字化保护方式。做好与蒲壮所城相关非物质文化遗产的展示工作，基于物联网、无线技术等科技手段，进一步丰富展示方式。

考虑到蒲壮所城规模庞大，营造技艺特殊，建议组织当地工匠成立相对稳定的施工队伍，申请小范围专项特许施工资质，进行文物本体日常保养和历史环境要素维修工程，保持地方传统建筑工艺的传承，保护传统工艺技术。同时考虑将其申报为相应的非物质文化遗产。

（2）构建遗产解说系统

2008 年国际古迹遗址理事会（ICOMOS）的《文化遗产阐释与展示宪章》中将"阐释"定义为"一切可能的、旨在提高公众意识、增进公众对文化遗产理解的活动"，"展示"则是指"在文化遗产地通过对阐释信息的安排、直接的接触，以及展示设施等有计划地传播展示内容"[①]，强调对遗产及其价值的解说，促进居民、游客等不同人群对遗产的认识。

在对蒲壮所海防体系进行系统空间规划的同时，应当基于现状构建相应的遗产解说系统，明确展示主题、展示内容、展示方式、游线组织等，并完善各类展示设施，提升遗产的可读性。蒲壮所城以"卫所制时期的军事古堡"为主题，展示明清海防城

---

　① ICOMOS: *The ICOMOS Charter for the Interpretation and Presentation of Cultural Heritage Sites*, https://www.icomos.org/quebec2008/charters/interpretation/pdf/GA16_Charter_Interpretation_20081004_FR+EN.pdf，2022 年 5 月 19 日。

池格局、建筑街巷布局和非物质文化遗产；壮士所城以展示抗倭战场为主题，可结合城池遗址和东侧月亮湾沙滩再现抗倭场景；巡检司遗址以"杨哨长智毙巨寇"故事为主线，突出巡检司对卫所的协防作用；白湾堡以展示"渔人抗倭"为主题，着重对城池建设历史和古代沿海人民生活场景的展示；烽堠、墩台则以布局和场景再现为主，展现古代的信息传递方式。展示方式包括场馆展示、数字化展示、实物模型展示等，针对壮士所城、巡检司遗址一类的地面和地下遗址还可采用覆棚展示、模拟展示、标识展示、考古工作现场展示、历史环境修复展示等手段，系统、全面地阐释遗产的文物价值及历史信息。交通游线组织分为两个空间层次，区域整体游线串联蒲壮所海防体系内的重要军事设施和据点，引导游客获得对历史地理环境和体系空间布局的完整认知；各军事城池则依据街巷和遗存现状分别组织游线。展示设施以历史文化展示场馆和解说标识牌为主要内容，设计应当展现海防文化和地域文化特色。

6.3.3　管理层面——政策引导与多元参与

政府采取积极有效的政策是实施整体性保护的前提条件，在加快立法、理顺管理体制、制定监管体系等方面，领导者起着关键作用[①]。政策的导向和协调功能对整体性方法的顺利实施具有积极影响；反之，如果缺乏正确有效的政策来协调多方关系，整体性保护则难以实施。

（1）管理体制

以蒲壮所城各文物本体所属的镇人民政府为文物保护工作的责任主体，苍南县文化和广电旅游体育局负责监督管理工作，各遗产点所属村两委负责日常管理工作。建立蒲壮所城保护管理与村镇管理的协调机构，统一协调文物保护及村镇发展管理之间的关系。主要机构、主要人员应保持相对稳定，业务相对独立，确保保护管理机制不因人员机构变动而变动。加强遗产保护专业技术人才的培养与引进，不断提高保护管理人员的政治、业务素质。对于遗址考古、遗产修复等专业问题，聘请组建相关专业团队开展研究保护工作。

（2）制度建设

温州地区海防遗产极其丰富，除了蒲壮所海防体系的各类遗产外，还有许多明清

---

① 郑玉歆：《中国自然文化遗产的保护正处于关键时期》//郑玉歆，郑易生编：《自然文化遗产管理》，社会科学文献出版社，2003年，第15页。

时期的重要遗产，应当构建温州海防遗产保护的整体体系。地方政府应当加快立法的脚步，制定单行条例对温州海防文化遗产进行特别保护。在条例中对海防文化遗产所有人的法律地位及权益进行规定，使所有人能够对保护工作进行监督并得到一些利益。

蒲壮所海防体系涉及的遗产众多，但相关的历史文献缺乏整理，近年来的保护措施和发展演变也缺少系统记录。为了保护工作持续推进以及形成借鉴经验或者保护参考案例，建议采用移动终端调研系统以及无人机、三维技术等数字化手段开展调查，在资料收集和实地调研的基础上，重新整合现有的资源，建立苍南海防遗产数据库，其中不仅包括蒲壮所海防体系的相关内容，县域内金乡卫等海防遗产信息也应包含在内，为县域海防文化打造及相关遗产保护开发或活化利用打好基础。

（3）资金保障

保护经费来源主要由地方政府专项经费、上级主管部门专项补助经费、社会捐助经费、旅游收入分成和个人投入组成，地方政府应将各项投入分年度纳入财政预算。鼓励建立多渠道资金投入的保护机制，积极争取中央财政设立的保护专项资金。各级财政分别按比例提取保护专项资金用于抢救保护。建立起政府、社会、集体、个人按比例共同出资承担的投入机制，蒲壮所海防体系旅游收益应有比例地用于文物保护工作。探索经费筹措的新模式，针对非文物本体建筑，可鼓励单位或个人通过认保、认养、认租、认购等方式参与保护利用工作。

（4）多元参与

海防遗产分布分散，且类型多样、数量众多，单靠政府力量实施保护还远远不够。应加大对于海防文化和相关资源的宣传，增进民众对海防历史文化遗产的认识和了解，提高民众对海防文化遗产的保护意识，鼓励公众积极参与海防文化资源保护，把破坏资源的力量转变为保护资源的力量、建设性的力量。在保护利用的过程中，应完善政务公开制度，广泛征求群众意见，为决策提供参考。同时，发挥温州民营经济优势，在法律允许和保护文物的前提下，引入民间资本，解决资金瓶颈。

附录1 明代倭寇侵扰蒲壮所年表

年代	地点	倭祸史实
洪武十五年（1382）正月	壮士所	倭寇携船八十四只，先后侵犯海门卫、金乡卫壮士所及平阳岐山等地
洪武二十七年（1398）	壮士所	倭寇借海面迷雾笼罩之际，一队人马逼近壮士所，副千户王山升率兵迎击，奋勇杀敌，因仓促应战，敌众我寡，激战中王山升身先士卒，壮烈牺牲
永乐十五年（1417）闰五月	壮士所	敌寇船八十三只进犯壮士所，攻破城墙，敌军乘势而入，百户、昭信校尉朱信率将士浴血奋战，不幸阵亡
正统八年（1443）十月	壮士所	倭寇从海上侵犯壮士所，因战事不断，无暇顾及，城溃一时难以修复。同年迁入蒲门所办公，依然各司其职，各领其兵
正统十一年（1446）十月	壮士所	倭寇侵犯壮士所
正统十四年（1449）	蒲门所	倭寇入侵蒲门，守备指挥吕真等率官军奋勇迎战，敌寇被击退
嘉靖三十二年（1553）	蒲门所	倭寇侵犯蒲门，蒲门守军奋起反击，敌寇溃不成阵，被击退
嘉靖三十三年（1554）六月	蒲门所	倭寇侵犯蒲门壮士所，指挥王希禹带领士兵对抗，斩杀倭寇四十人
嘉靖三十四年（1555）	程溪寨	倭寇登陆侵犯，设旗军防守
嘉靖中期	菖蒲洋寨	遭倭寇侵扰，设旗军防守
嘉靖四十一年（1562）	蒲门所	戚继光率戚家军经蒲门入闽追剿倭寇
嘉靖四十四年（1565）八月	蒲门所	倭寇由福鼎海岸登陆欲翻越山岭直扑蒲门，蒲门人陈老发现敌情，一边派同伴回城报信，一边依山岭之势拼死御敌，最终寡不敌众，壮烈牺牲。倭寇半路受挫，锐气顿失，后几次攻城不得，溃败而去
万历四十七年（1619）	镇下关	倭寇船队进犯镇下关，金磐把总陈朝率领舟师迎头奋战，不幸阵亡
天启二年（1622）	龟峰隘	倭寇于后嵯（今后槽村）登陆，被望哨长杨某发现。杨某假装为寇引路，诱敌至山腰，将敌首杀死。后与支援官兵联手把入侵倭寇全部歼灭，但杨哨长因战负伤，不幸殉职。此役斩杀倭寇数十人，其中包括海寇三大王，为纪念本次战斗，民众在龟峰隘（原为龟峰巡检司）立"得胜嵯碑"以纪之
崇祯元年（1628）	沿浦港	海寇进犯沿浦港，把总周世忠率精锐部队抗击，坚守阵地，敌寇被击退
崇祯二年（1629）	沿浦上奥	海寇刘香老再次进犯沿浦上奥，军民合力多次击退敌寇残部

附录2 蒲壮所海防体系图纸

1. 主要军事聚落百度卫星地图

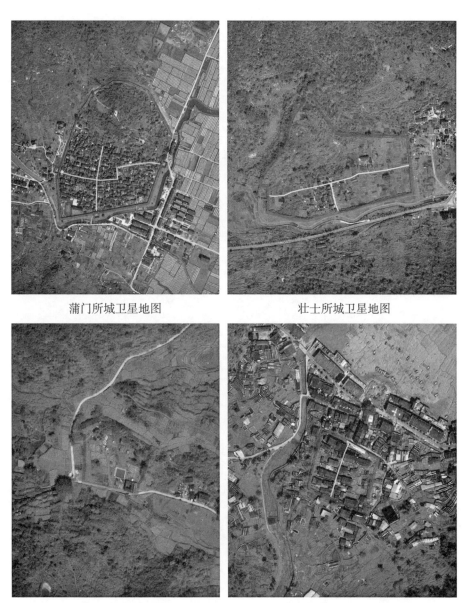

蒲门所城卫星地图　　　　　　　　壮士所城卫星地图

巡检司遗址卫星地图　　　　　　　　白湾堡卫星地图

2. 测绘图纸

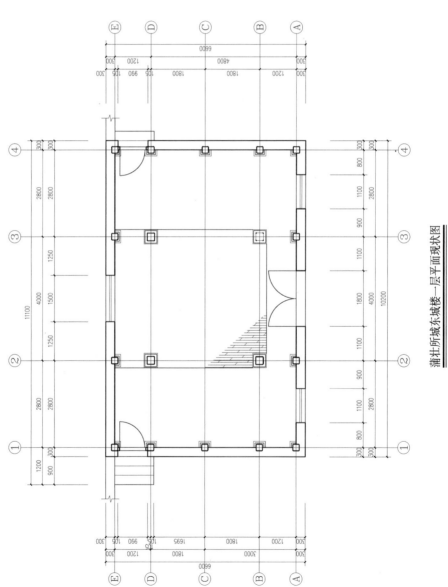

蒲壮所城东城楼一层平面现状图

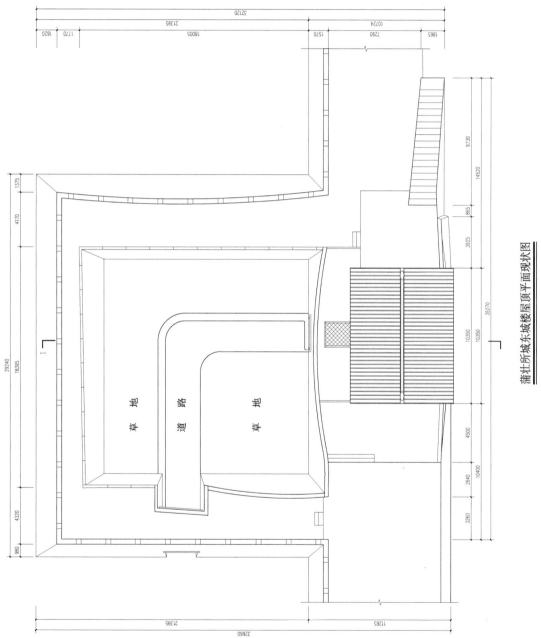

蒲壮所城东城楼屋顶平面现状图

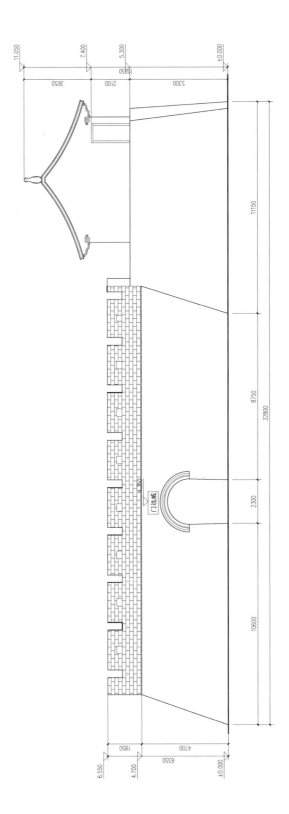

蒲壮所城东城楼北立面现状图

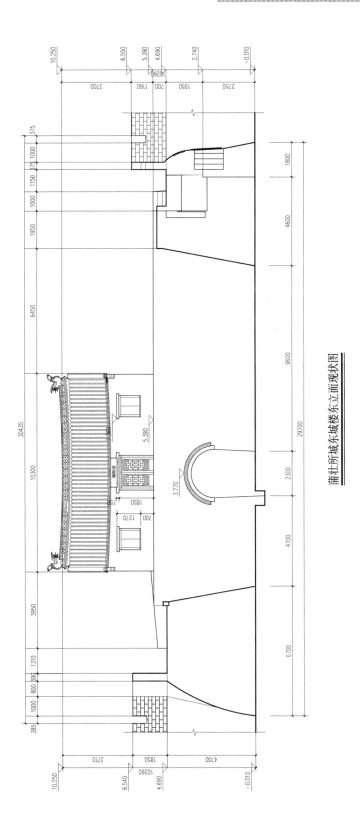

蒲壮所城东城楼东立面现状图

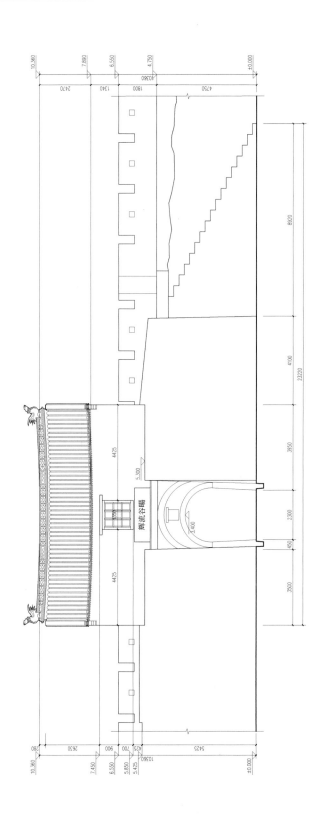

蒲壮所城东城楼西立面现状图

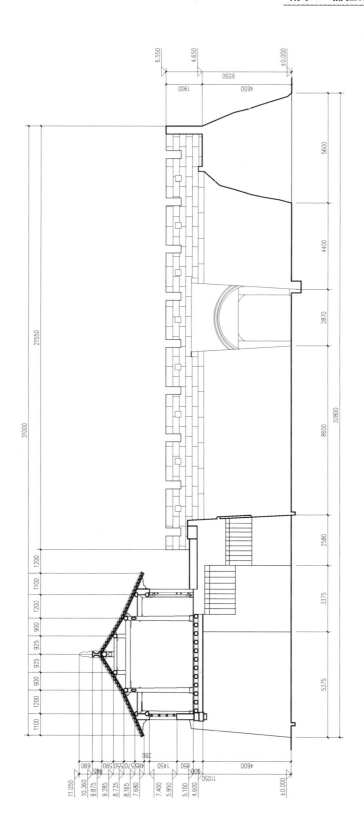

蒲壮所城东城楼 I - I 剖面现状图

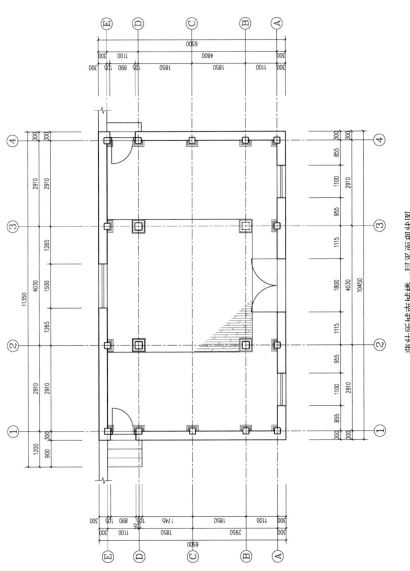

蒲壮所城南城楼一层平面现状图

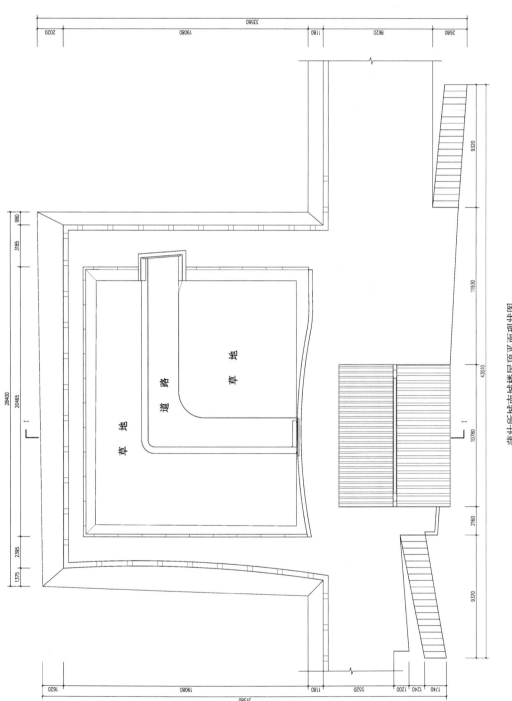

蒲壮所城南城楼屋顶平面现状图

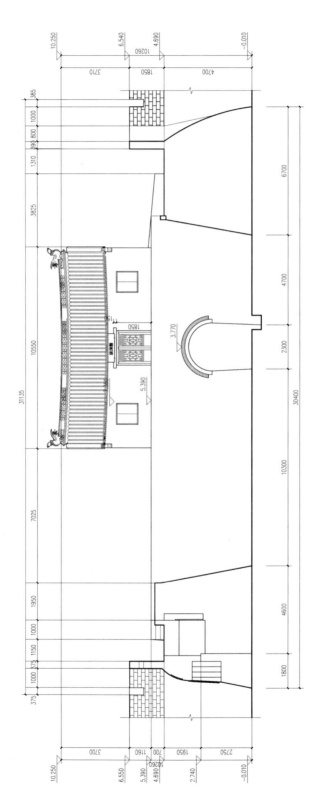

蒲壮所城南城楼北立面现状图

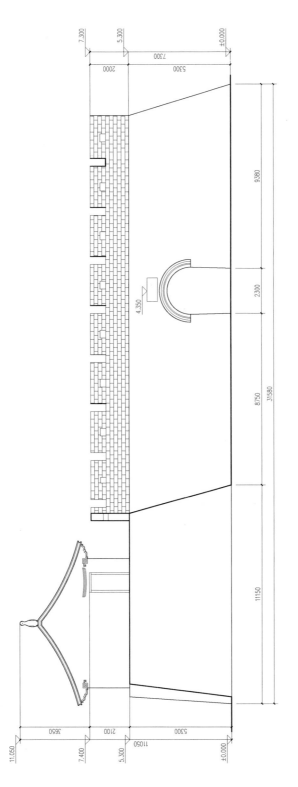

蒲壮所城南城楼东立面现状图

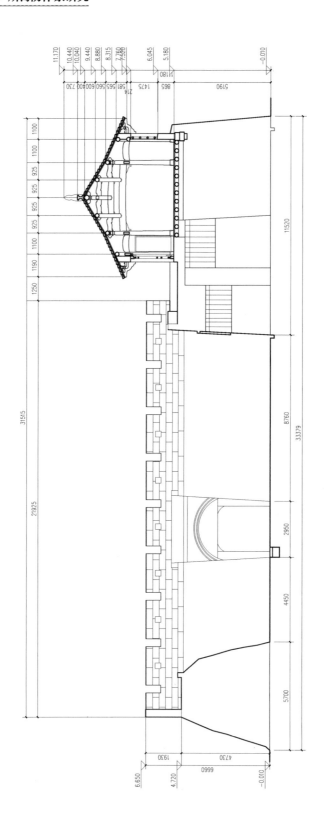

蒲壮所城南城南城楼 I - I 剖面现状图

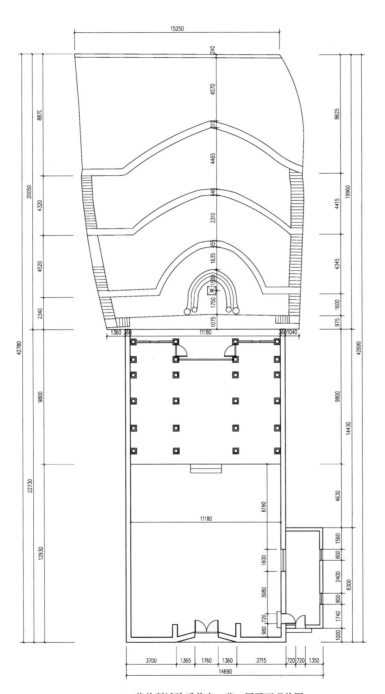

蒲壮所城陈后英庙、墓一层平面现状图

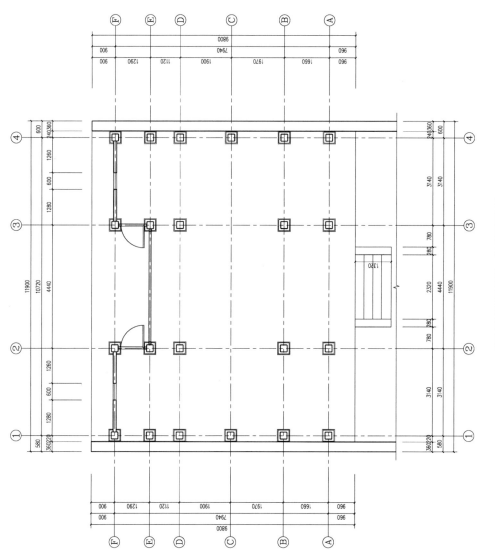

蒲壮所所城陈后英庙一层平面现状图

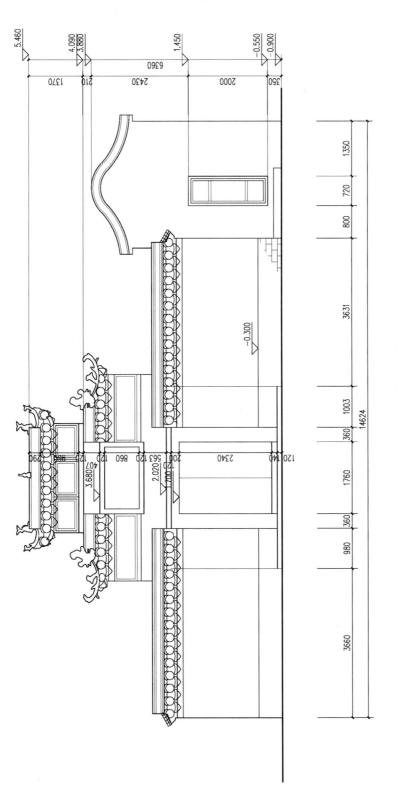

蒲壮所城陈后英庙南立面现状图

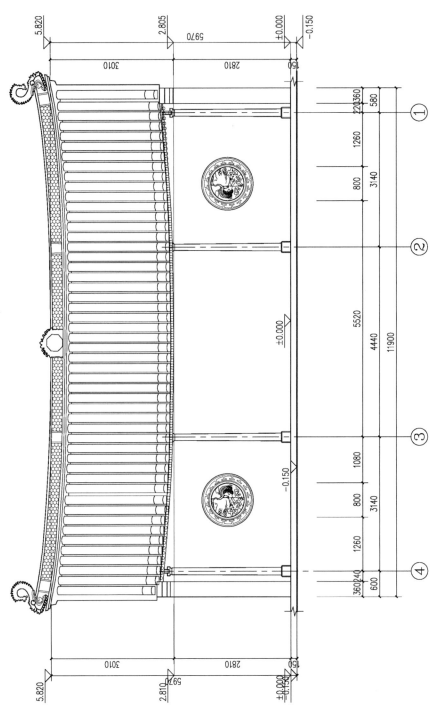

蒲壮所城陈后英庙北立面现状图

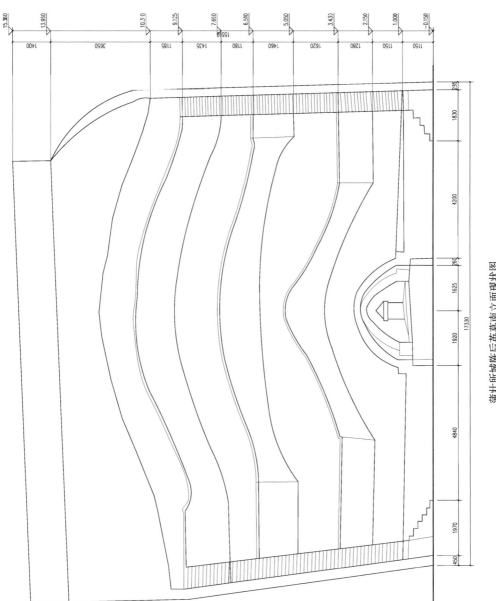

蒲壮所城陈后英墓南立面现状图

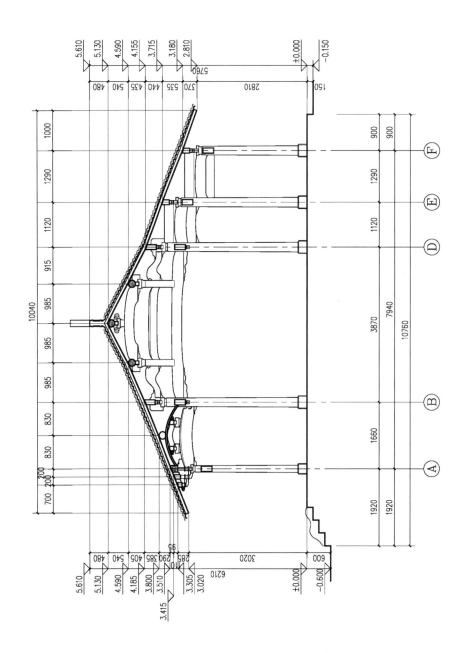

蒲壮所城陈后英庙Ⅰ-Ⅰ剖面现状图

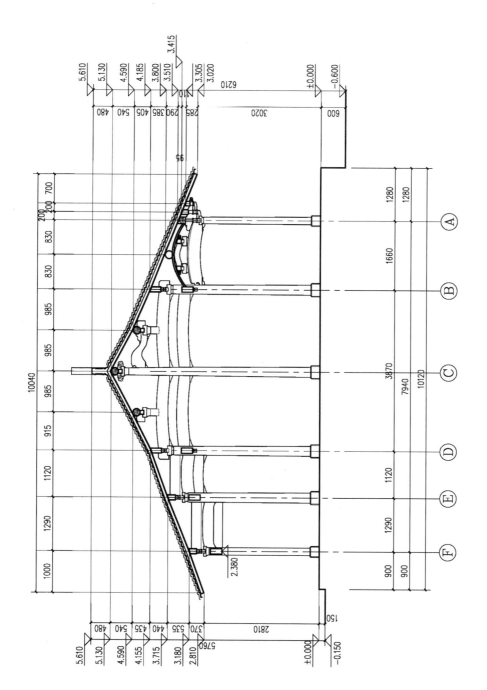

蒲壮所城陈后英庙Ⅱ-Ⅱ剖面现状图

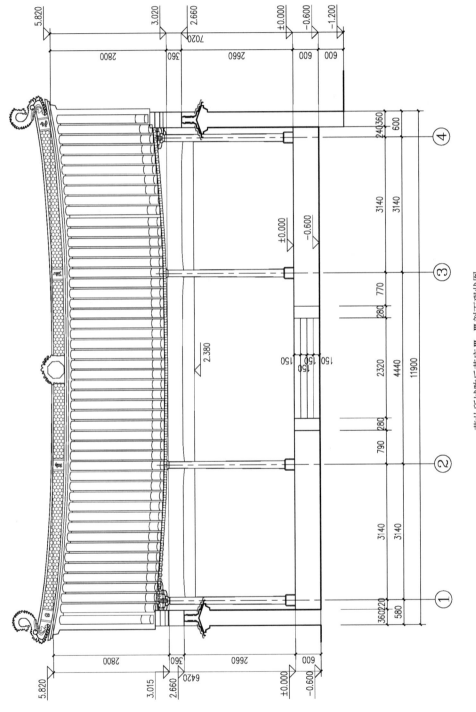

蒲壮所城陈后英庙Ⅲ-Ⅲ剖面现状图

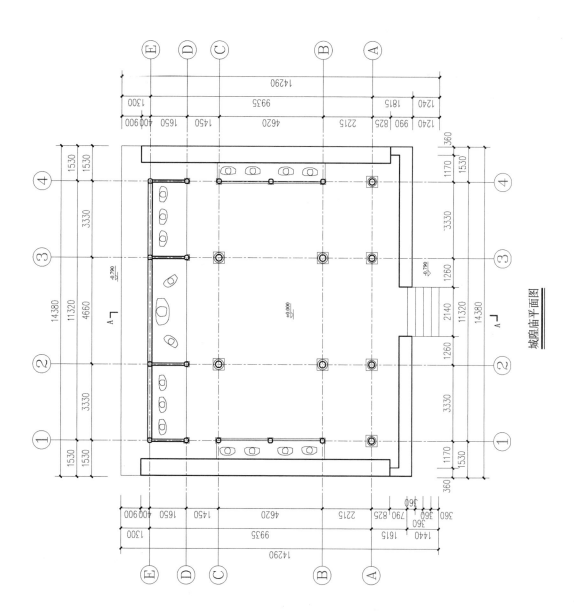

城隍庙平面图

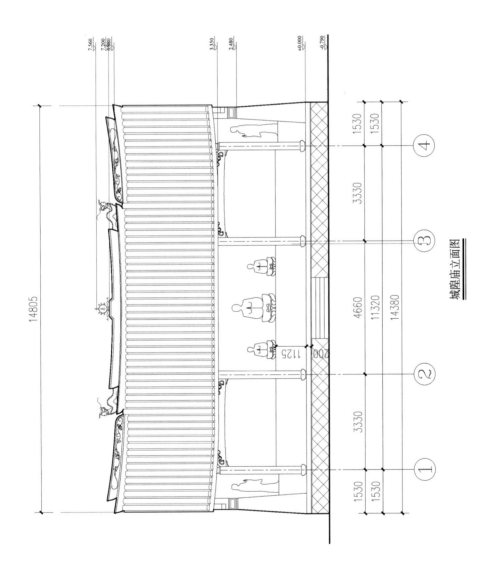

城隍庙立面图

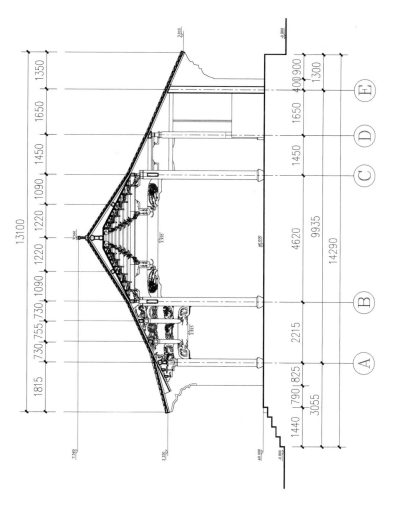

城隍庙 A-A 剖面图

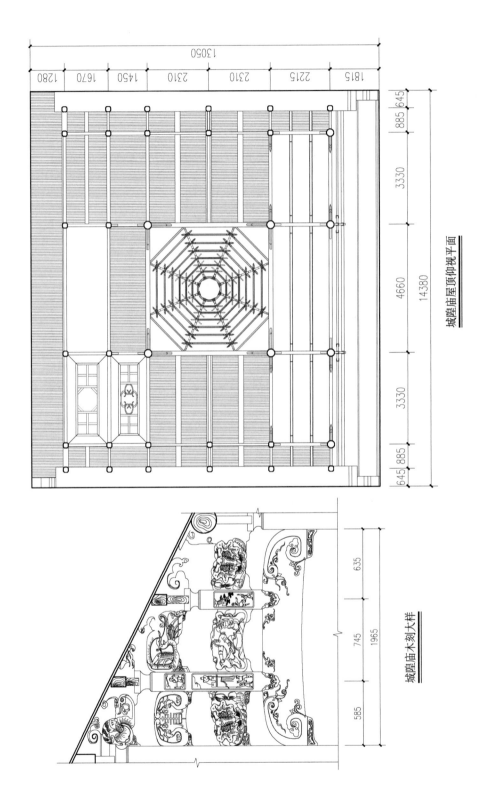

城隍庙屋顶顶视平面

城隍庙木刻大样

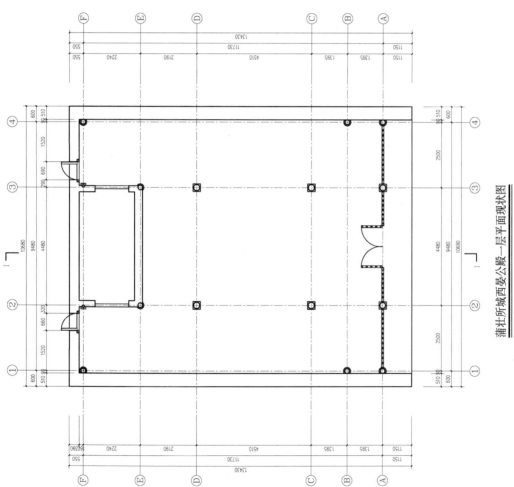

蒲壮所城西晏公殿一层平面现状图

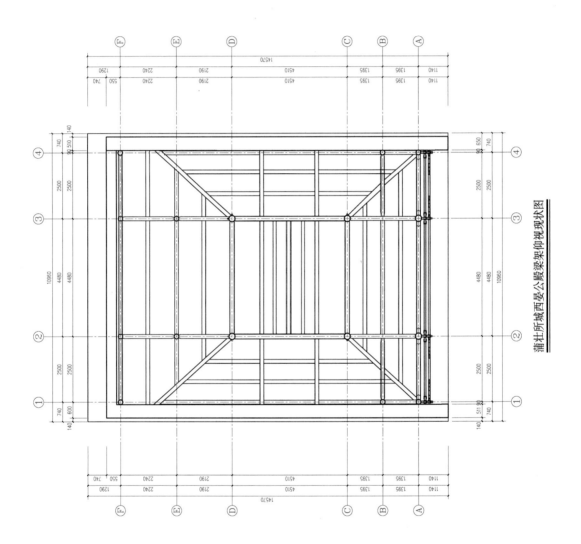

蒲壮所所城西晏公殿梁架仰视现状图

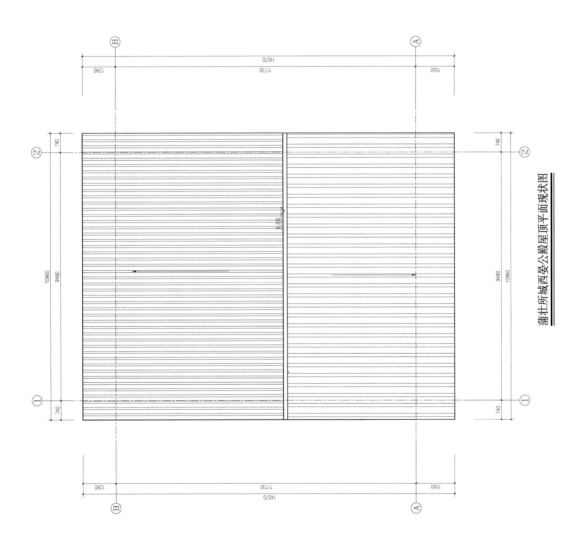

蒲壮所所城西晏公殿屋顶平面现状图

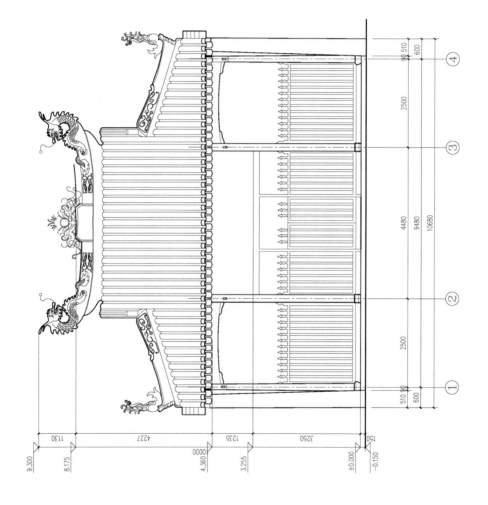

蒲壮所城西晏公殿南立面现状图

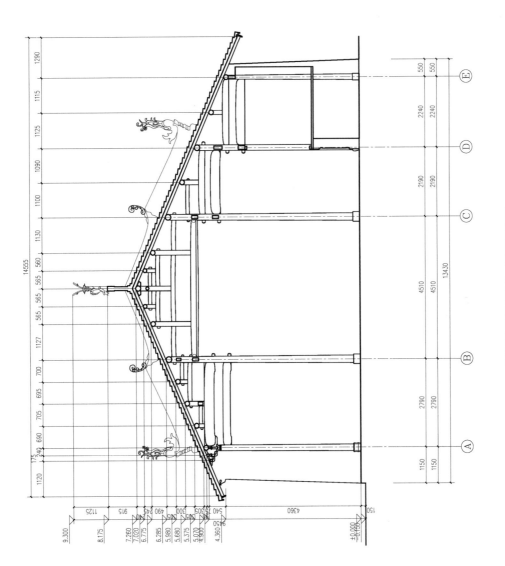

蒲壮所城西晏公殿Ⅰ-Ⅰ剖面现状图

参 考 文 献

一、古籍

《明实录》，"中央研究院"历史语言研究所，1962年影印本。

（明）范涞：《两浙海防类考续编》，成文出版社，1983年。

（明）侯继高：《全浙兵制》//《四库全书存目丛书》，齐鲁书社，1995年影印本。

（明）李东阳等撰：《大明会典》，上海古籍出版社，2002年。

（明）王瓒，蔡芳：《弘治温州府志》，上海社会科学院出版社，2006年。

（明）薛应旂：《嘉靖浙江通志》，成文出版社，1983年。

（明）郑若曾：《筹海图编》，中华书局，2007年。

（明）朱东光，侯一元：《隆庆平阳县志》，成文出版社，1983年。

（清）金以俊，吕弘诰：《康熙平阳县志》，康熙刻本。

（清）刘锦藻：《清朝续文献通考》，浙江古籍出版社，1988年。

（清）龙文彬：《明会要》，中华书局，1957年。

（清）张廷玉：《明史》，中华书局，1977年。

（清）朱正元：《浙江沿海图说》，成文出版社，1983年。

（清）顾祖禹：《读史方舆纪要》//《中国古代地理总志丛刊》，中华书局，2005年。

符璋，刘绍宽：《民国平阳县志》，中华书局，2020年。

二、学术专著

范中义：《筹海图编浅说》，解放军出版社，1987年。

范中义，仝晰纲：《明代倭寇史略》，中华书局，2004年。

宫凌海：《明清浙江海防体制变迁与地方互动——以温州卫所为中心》，黑龙江教育出版社，2019年。

顾诚：《隐匿的疆土：卫所制度与明帝国》，光明日报出版社，2012年。

李新峰：《明代卫所政区研究》，北京大学出版社，2016年。

李晖华主编：《苍南文化遗产丛书》，团结出版社，2018年。

谭其骧：《中国历史地理图集》，中国地图出版社，1982年。

宋烜：《明代浙江海防研究》，社会科学文献出版社，2013年。

苏勇军：《明代浙东海防研究》，浙江大学出版社，2014年。

杨金森，范中义：《中国海防史》，海洋出版社，2005年。

张亚红，徐炯明：《宁波明清海防研究》，宁波出版社，2012年。

钟铁军：《明代浙江沿海海防地理研究》，黑龙江教育出版社，2019年。

钟翀：《温州古旧地图集》，上海书店出版社，2014年。

三、期刊论文

毕建业：《威海地区明海防军事聚落体系与空间分析》，天津大学硕士论文，2012年。

陈嘉璇：《明南直隶地区海防军事聚落体系研究》，天津大学硕士论文，2018年。

陈明富，秦婧：《新中国70年海防建设的回顾与思考》，《军事历史》2019年第6期，第18—28页。

陈尚胜：《明初海防与郑和下西洋》，《南开学报》1985年第5期。

陈箫箫：《明代杭州湾北岸海防体系及演变述论》，浙江师范大学硕士论文，2017年。

川越泰博：《明代海防体制の形成について》，《大学院研究年报》（中央大学）1972年第1期。

川越泰博：《明代海防体制の運営構造——創成期を中心に》，《史学雑誌》（東京大学）1972年第81
　　卷第6期。

邸富生：《试论明朝初年的海防》，《中国边疆史地研究》1995年第1期。

段希莹：《明代海防卫所型古村落保护与开发模型研究——以深圳大鹏村为例》，长安大学硕士论文，
　　2011年。

董韶军，董韶华，迟金光：《试论蓬莱水城的历史地位与价值》，《北方文物》2003年第1期，第
　　82—85页。

范中义：《明代海防述略》，《历史研究》1990年第3期，第44—54页。

范中义，黄培量：《浙江温州明代永昌堡的瓮城和敌台》，《军事历史研究》2013年第27期第4卷，第
　　36—41页。

方滨凤：《漳州镇海卫城址的活化利用初探》，《文物鉴定与鉴赏》2021年第15期，第166—168页。

郭红，于翠艳：《明代都司卫所制度与军管型政区》，《军事历史研究》2004年第4期，第78—87页。

宫凌海：《明代中后期温州沿海卫所与府县治理》，《温州职业技术学院学报》2018年第18卷第4期，
　　第1—6+21页。

巩叶，邹元昊：《浅析崇武古城城墙的基本要素与保护利用》，《中外建筑》2019年第8期，第22—25页。

韩虎泰：《论明代巡海制度向巡洋会哨制度的转变——以明代广东海防为例》，《贵州文史丛刊》2015
　　年第3期，第50—56页。

黄中青：《明代海防的水寨与游兵——浙闽粤沿海岛屿防卫的建置与解体》，明史研究小组，2001年。

江天：《关外第一城——前所》，《今日辽宁》2014年第6期，第64—66页。

李辉：《明代基层海防战区地理研究——以台州桃渚所为例》，北京大学硕士论文，2012年。

李励：《石浦港域海防体系研究及海防遗产保护策略》，华中科技大学硕士论文，2016年。

李帅：《传统历史卫所的综合保护与发展设计研究》，北京林业大学硕士论文，2019年。

连铭：《历史地区的文物保护方法的探研——结合蒲壮所城文物保护规划的研究》，浙江大学硕士论文，2000年。

林昌丈：《明清东南沿海卫所军户的地方化——以温州金乡卫为中心》，《中国历史地理论丛》2009年第24期第4卷，第115—125页。

林海颖：《浙闽海防聚落空间形态与文化解析——对温州蒲壮所城的再述》，中国美术学院硕士论文，2020年。

林志森，吴正鹏，吴智鑫，等：《海洋文化视角下的明代福建海防所城聚落形态研究》，《新建筑》2019年第5期，第118—122页。

林志森，杨为彬，洪婷婷：《论明代福建平海卫防区海防体系的层级特征》，《福州大学学报（哲学社会科学版）》2020年第34期第2卷，第101—106页。

林珠琳：《蒲壮所城开发与保护中存在的问题及解决策略》，《赤峰学院学报（哲学社会科学版）》2015年第4期，第120—121页。

林珠琳：《温州海防文化资源的开发与保护对策》，浙江海洋学院硕士论文，2015年。

鲁延召：《明清时期广东中路海防地理研究》，暨南大学博士论文，2010年。

罗荣邦：《明初海军的衰落》，《南洋资料译丛》1990年第3期。

罗一南：《明代海防蒲壮所城军事聚落的整体性保护研究》，浙江大学硕士论文，2011年。

罗一南：《明代海防军事聚落保护规划研究：以蒲壮所城为例》//《2012年中国城市规划学会城市规划历史与理论学术委员会成立暨第4届城市规划历史与理论高级学术研讨会论文集》，2012年，第166—176页。

罗一南，王颖芳，张彦芝：《明代海防所城空间形态特征探析——以蒲壮所城为例》，《建筑与文化》2011年第1期，第100—101页。

牛传彪：《明代巡洋会哨制度刍探》，中央民族大学硕士论文，2011年。

邵晴：《明代山东半岛海防建置研究——以沿海卫所为中心》，中国海洋大学硕士论文，2007年。

施剑：《明代浙江海防建置研究》，浙江大学硕士论文，2011年。

施丽辉，张金玲：《明代抗倭遗址的保护与旅游开发——以浙南蒲壮所城为例》，《经济研究导刊》2011年第24期，第189—190页。

孙畅：《烟台海防系列遗产的整体性保护与活化利用研究》，青岛大学硕士论文，2021年。

孙倩倩：《山东沿海卫所研究》，山东建筑大学硕士论文，2013年。

孙晓琪：《文化线路下明清沿海卫所聚落构成体系与价值评估初探》，华东理工大学硕士论文，2018年。

宋煊：《浙江明代海防遗迹》，《东方博物》2005年第3期第16辑。

谭立峰，赵鹏飞：《明代蓬莱水城聚落形态探析》，《建筑学报》2012年第S1期，第77—81页。

谭立峰，张玉坤，林志森：《明代海防驿递系统空间分布研究》，《城市规划》2018年第42期第12卷，第92—96、140页。

王坚梁：《明代千户所布防特点分析——以沥海所为例》，《文物鉴定与鉴赏》2019年第2期，第83—85页。

王赛时：《明代山东的海防体系与军事部署》，《明史研究》2005年，第255—268页。

温正灿：《明代温州海防体系建设研究》，浙江师范大学硕士论文，2016年。

邢浩：《明福建地区海防军事聚落布局研究》，天津大学硕士论文，2019年。

闫晓青：《让文化遗产唤醒历史的记忆——谈广州海防史迹的保护与利用》，《岭南文史》2020年第4期，第86—90页。

杨丽敏，孙艳艳：《蓬莱水城历史沿革初探》，《山东档案》2010年第3期，第62—63页。

易章义：《汤和与明代东南海防》，《"国立"编译馆馆刊》第6卷，1977年。

尹泽凯：《明代海防聚落体系研究》，天津大学博士论文，2016年。

尹泽凯，张玉坤，谭立峰，等：《基于可达性理论的明代海防聚落空间布局研究——以辽宁大连和浙江苍南为例》，《建筑与文化》2015年第6期，第110—113页。

尹泽凯，张玉坤，谭立峰：《明代海防层次和聚落体系研究》，《建筑与文化》2016年第1期，第104—105页。

尤育号：《温州沿海卫所及其地域亚文化考察》，《中国地方志》2018年第4期，第95—104、127—128页。

赵欣：《浙江海防建筑之现状与保护初探》，中国美术学院硕士论文，2008年。

张金玲：《遗产管理与旅游视角中的原真性——兼论浙南海防遗址蒲壮所城的保护性开发》，《四川师范大学学报（社会科学版）》2011年第38卷第2期，第51—57页。

张金玲：《海防遗址浙南蒲壮所城保护性开发中相关利益诉求与协调的实证研究》，《四川师范大学学报（社会科学版）》2012年第39卷第5期，第110—115页。

曾大伟：《明代北部湾地区海防体系研究》，暨南大学硕士论文，2014年。

镇雪锋：《文化遗产的完整性与整体性保护方法》，同济大学硕士论文，2007年。

郑克晟：《明朝初年的福建沿海及其海防》，《史学月刊》1991年第1期。

周秀秀：《类型学下明清闽浙海防卫所聚落空间形态比较研究》，华东理工大学硕士论文，2021年。

钟行明，王雁：《基于"系列遗产"视角的青岛海防遗产整体性保护与活化路径》，《中国文化遗产》2019年第2期，第48—53页。

后　记

蒲壮所城地处浙江南大门，始建于明洪武年间，随着明代海防建设的不断发展，逐渐形成了由烽堠→寨→千户所城→卫城层层递进、不断扩大的片状防守空间，以蒲门所、壮士所为核心的蒲壮所海防体系不断完善。蒲壮所海防体系是全国范围内保存最为完整的明代以"所"为核心的基层海防体系，但由于其地偏一隅，鲜为人知，我们希望通过《蒲壮千户所海防体系研究》一书让更多的人认识到这一宝贵的海防遗产。

从2021年开始，以《蒲壮所城保护规划》编制为契机，我们深入田间山头，对蒲壮所城及其周边的各类相关遗存进行了系统调查和研究，对蒲壮所海防体系的历史演变和空间布局有了更加清晰的认识，也深刻体会到了海防遗产保护的复杂性和挑战性。

海防遗产的研究与保护道阻且长，展望未来，我们希望能够继续深入研究苍南明清海防体系，探索更多未知的领域，并为海防遗产的保护和利用提供更多的思路和方案。同时，我们也呼吁社会各界，特别是政府部门、学术机构和公众，共同参与到海防遗产的保护工作中来，让这些珍贵的历史见证得以传承和发扬。

在《蒲壮千户所海防体系研究》即将付梓之际，我要向所有参与本书研究与撰写的同仁们表示最诚挚的感谢，浙江大学建筑设计研究院刘国胜、杨天福、陈菁、杨叶晶为本书提供了充足的史料研究和配图，浙江工业大学赵淑红副教授为本书框架提供了具体指导，杨介宏、朱标、费扬、黄愉积极承担田野调查、资料整理等重要工作。

感谢浙江省文物局相关部门、领导及"新鼎计划"优秀青年文博人才培训班对本书大力支持，感谢科学出版社诸位同志和相关评议专家给予本书的关怀与厚爱。

最后，期待着各界人士的批评、指导，我们一定诚恳地接受，积累经验，吸取教训，以便进一步修正和提高。